SHAOPING GAN

DIE CHINESISCHE PHILOSOPHIE

SHAOPING GAN

DIE CHINESISCHE PHILOSOPHIE

Die wichtigsten Philosophen, Werke, Schulen
und Begriffe

WISSENSCHAFTLICHE BUCHGESELLSCHAFT
DARMSTADT

Einbandbild: Ullstein.

Bestellnummer 80214-4

Gedruckt auf säurefreiem und alterungsbeständigem Werkdruckpapier
Satz: Setzerei Gutowski, Weiterstadt
Gesamtherstellung: Wissenschaftliche Buchgesellschaft, Darmstadt
Printed in Germany
Schrift: Linotype Wilke, 9.5/12

Diese Arbeit widme ich meiner Frau Jingzhu Ye und meinen Eltern.

Ich bedanke mich bei meinen chinesischen Landsleuten, bei meinen deutschen Kollegen und Freunden, vor allem bei Herrn Christian Sonnleitner sowie Frau Christine Rußler, für ihre freundliche Unterstützung.

München/Beijing, 1997 Shaoping Gan

Inhaltsverzeichnis

Vorwort

Menschen, die die chinesische Philosophie studieren wollen, könnten zunächst fragen, ob chinesische Philosophie schwer zu verstehen sei. In Wirklichkeit aber bemüht sich diese Philosophie hauptsächlich um eine Lebenstheorie und deren Anwendung auf die Praxis, und diese Lebenstheorie beinhaltet weder dunkle noch mysteriöse oder geheimnisvolle Gedanken. In ihr wird gerade auf Einfachheit und Schlichtheit, Vertrauenswürdigkeit und Aufrichtigkeit besonderes Gewicht gelegt. Laotse und Zhuang Zi befürworten Einfachheit und bekämpfen Unnatürlichkeit und das Streben nach Berühmtheit und Vorteil. Konfuzius und Menzius betonen Vertrauenswürdigkeit, Aufrichtigkeit und die einfachste zwischenmenschliche Humanitätsempfindung und sind gegen Unredlichkeit und Tücke. Laotse sagt: „Ich habe drei Schätze, die ich schätze und wahre. Der eine heißt: Barmherzigkeit; der zweite heißt: Genügsamkeit; der dritte heißt: nicht wagen, in der Welt voranzustehen" (Tao Te King, Kap. 67). Menzius sagt: „Der Edle kennt drei Freuden, und die Herrschaft über die Welt ist nicht darunter. Wenn Vater und Mutter beide noch leben und seine Brüder auch heil und gesund sind, das ist die erste Freude. Wenn er zu Gott emporblicken kann mit gutem Gewissen und den Menschen ins Auge sehen kann, ohne erröten zu müssen: das ist die zweite Freude. Wenn er die bestbegabten Jünglinge auf Erden zum Unterricht und zur Belehrung anvertraut bekommt: das ist die dritte Freude" (Menzius, Jin Xin, Teil 1). Die Chinesen der alten Zeit glauben, daß die Grundsätze des Lebens tatsächlich sehr einfach sind. Die daraus entwickelte Philosophie ist eine Zusammenfassung dieser Lebensgrundsätze. Als eine Frucht der Forschungen in bezug auf diese Grundsätze existiert sie seit mehr als 2500 Jahren. In dieser langen

Geschichte hat sich die in ihr aufgezeigte Lebenstheorie oder Lebenskunst als allgemeingültige bewiesen. Diese Lebenskunst ist immer von den Chinesen bewußt oder unbewußt auf die Praxis des Lebens angewandt worden.

Die chinesische Philosophie, deren Grundsubstanz der Konfuzianismus ist, hält nicht die Freiheit, sondern eine intuitive Erkenntnis (des Guten) für das erste Prinzip der Philosophie. Wang Shouren (1472–1529) aus der Ming-Dynastie meint: Dieses eingewurzelte Wissen ist nicht von außen erlernt, sondern eine Sache, die von jedem Menschen a priori besessen wird. Denn „jeder Mensch, wenn er seinen Vater sieht, weiß von selbst, daß er vor dem Vater Ehrfurcht hegen solle; wenn er seinen älteren Bruder sieht, weiß er von selbst, daß er vor seinem älteren Bruder Achtung haben solle" (Wang Shouren). Dieses den Menschen „vom Himmel verliehene" Wissen stellt nach dem Konfuzianismus die Himmels-Idee dar, und es ist deswegen der Urgrund aller Dinge in der Welt. Auf diese Weise wird in der chinesischen Philosophie die ganze Welt versittlicht, das Moralgesetz wird also als die Substanz des Kosmos betrachtet.

Die chinesische Philosophie zeichnet sich durch ihre Betonung der Tugend aus. Nach den chinesischen Philosophen ist der moralische Charakter eines Volks bei weitem wichtiger als dessen wirtschaftliche Stärke. Die herausragenden moralischen Anlagen des Menschen sollen in sich begreifen: Üben der Selbstbeherrschung und Beseitigen der Begierde, Maß-und-Mitte-Halten, Vertrauenswürdigkeit, Ehrerbietung und Still-Halten. Huang Gan (1152–1221) aus der Südlichen Song-Zeit hat so formuliert: „Begegnet anderen Menschen mit Ehrerbietung, um den Grund zu errichten; klärt das Prinzip, um die Erkenntnis zu gewinnen; beherrscht euch selbst, um die selbstische Begierde zu beseitigen; haltet euch aufrichtig und vertrauenerweckend, um das Wesen zu erreichen." Unter den anderen Tugenden ist das „Still-Halten" noch kennzeichnender für die chinesische Philosophie. Nach Li Dazhao (1889–1927, Philosoph an der Peking-Universität) ist die abendländische

Kultur bewegende Kultur, während die chinesische eine ruhende ist. Sowohl der die Leere im Herz des Menschen befürwortende Taoismus und Buddhismus als auch der die Humanität und Gerechtigkeit im Herz des Menschen betonende Konfuzianismus treten dafür ein, die Begierde zu beseitigen, ein sanftes Wesen zu haben, selbst im äußersten sich nicht barsch und streng zu benehmen, nicht unbedingt zum Gegenangriff überzugehen, selbst wenn wir angegriffen werden.

Wie oben erwähnt, bemühen sich die chinesischen Philosophen aller Zeiten hauptsächlich um eine in der Praxis anwendbare Lebensphilosophie. Für die chinesische traditionelle Kultur ist charakteristisch, großen Wert auf eine pragmatische Einstellung zu legen. Diese pragmatische Einstellung führt dann einerseits dazu, daß es den meisten Chinesen an einem ausgeprägten Religionssinn mangelt, andererseits verweigern sich die Chinesen nicht dem für sie Nützlichen und Brauchbaren aus anderen Kulturkreisen.

Die chinesische Philosophie nimmt eine bedeutende Stellung in der Weltgeschichte der Philosophie ein; ihr Einfluß auf die Denkart der Völker in vielen asiatischen Ländern ist beträchtlich. Die chinesische traditionelle Kultur ist ja nicht nur Eigentum der östlichen Bevölkerung, genau wie die europäische traditionelle Kultur nicht ausschließlich der westlichen Bevölkerung gehört. Jede hervorragende kulturelle Tradition zählt zu den gemeinsamen Gedankengütern der ganzen Menschheit. Durch eine Intensivierung des Ost-West-Dialogs kann eine neue Kultur entstehen, die aus der Elite sowohl der europäischen als auch der östlichen Gedanken besteht.

In diesem Buch wird versucht, nicht nur die an chinesischen Universitäten gelehrte, sondern auch die von den Chinesen im Leben praktizierte chinesische Philosophie so deutlich aufzuzeigen, daß der Leser sofort das Wesentliche der chinesischen Philosophie erfassen kann. Einige wichtige Begriffe und Debatten in der Geschichte der chinesischen Philosophie sind in die Anmerkungen verwiesen, damit weder meine Intention, die Schwerpunkte der chinesischen Philosophie deutlich zu machen, noch die Vollständigkeit der Inhalte dieses Buchs beeinträchtigt wird.

Statt der chinesischen Schreibweise „Kong Zi“ (nach der Lautumschrift der chinesischen Sprache) wird hier die in Europa verbreitete, latinisierte Schreibweise „Konfuzius“ gebraucht. Auch: Menzius = Mong Zi; Laotse = Lao Zi.

Einleitung

Der Grundzug der chinesischen Philosophie

Gottfried Wilhelm Leibniz (1646–1716) ist der erste bedeutende europäische Denker, der die Bedeutung der chinesischen Philosophie erkannte. Er verglich die geistige und moralische Verfassung Chinas mit der Europas und kam zu folgendem Ergebnis: An der praktischen Philosophie seien die Chinesen den Europäern überlegen: „Wenn ein weiser Mann zum Richter bestellt würde über die Vorzüglichkeit der Völker, würde er den goldenen Apfel den Chinesen reichen" (vgl. A. Reichweg 1923, S. 89). Die Behauptung Leibniz' zeigt einerseits, daß die chinesische Philosophie eine sehr wichtige Stellung in der philosophischen Weltgeschichte einnimmt, andererseits, daß sich die chinesische Philosophie durch ihre praktische Philosophie[1] auszeichnet. In der chinesischen Philosophie gibt es natürlich auch Metaphysik (deren Träger: Taoismus), Erkenntnislehre und Logik, aber im Vergleich zu diesen ist die praktische Philosophie (nämlich Ethik und Politik) kennzeichnender. Das Hauptinteresse der chinesischen Philosophie ist das menschliche Leben und seine richtige Gestaltung. Der Endzweck der chinesischen Philosophie ist die Anleitung zum richtigen Verhalten und Handeln. Betont wird die Einheit von Wissen und Handeln, ja: das Handeln ist sogar wichtiger als das Wissen.

Zum Beispiel hatte es in China bis 1949 (Gründung der VR China) eine Tradition gegeben, daß Kinder, sobald sie das 4. Lebensjahr vollendet hatten, private Einklassenschulen besuchten. In einer solchen privaten Schule lernten sie Lesen und Schreiben. Die Elementarlesebücher waren die „Vier Klassischen Bücher" des Konfuzianismus, nämlich: „Gespräche des Konfuzius", „Die große

Lehre“, „Die Lehre von Maß und Mitte“, „Menzius“[2], also echte chinesische philosophische Werke mit einer Geschichte von mehr als 2500 Jahren. Diese Werke begreifen in sich viele schwerverständliche philosophische Theorien der Politik, aber noch mehr moralische Gesetze. Zunächst konnten die Kinder die Texte selbstverständlich noch nicht verstehen; jedoch mußten sie sie täglich laut und deutlich lesen und sprechen und nach und nach viele Sätze auswendig lernen. Erwachsen geworden, konnten die Kinder die von ihnen von klein auf auswendig gelernten Sätze immer mehr inhaltlich verstehen und die darin enthaltenen moralischen Gesetze mit vollem Bewußtsein auf das Leben und Handeln anwenden. Das ist der Grund, warum der Lehrer in der privaten Einklassenschule zu den Kindern immer sagte: „Das, was ihr versteht, müßt ihr durchführen; das, was ihr noch nicht begreift, müßt ihr auch durchführen. Denn ihr könnt es zukünftig auffassen.“

Da die klassischen philosophischen Werke als Fibeln dienten, existieren in der chinesischen Umgangssprache viele Redensarten, die eigentlich aus den alten philosophischen Texten stammen. Das läßt sich übrigens auch konkret beobachten: Wer lange Umgang mit chinesischen Freunden hat, wird oft mit folgenden Lieblingsphrasen konfrontiert (sie stammen alle aus den „Gesprächen des Konfuzius“):

„Wenn aus fernen Gegenden Freunde kommen, ist das nicht auch fröhlich?“ (Kap. I.1).

„Vor allem legt man Wert auf Harmonie“ (Kap. I.12).

„Es betrübt mich nicht, wenn die Menschen mich nicht kennen. Ich kümmere mich darum, daß ich die Menschen nicht kenne“ (Kap. I.16).

„Den Fehler in der Vergangenheit soll man nicht immer tadeln“ (Kap. III.21).

„Wer immer den eigenen Vorteil sucht, bekommt Ärger“ (Kap. IV.12).

„Man soll sich nicht schämen, Menschen von niederem Rang um Rat zu fragen“ (Kap. V.14).

„Der Wissende freut sich am Wasser, der Sittliche erfreut sich am Gebirge. Der Wissende ist bewegt, der Sittliche ist ruhig; der Wissende hat viele Freuden, der Sittliche hat langes Leben“ (Kap. VI.21).

„Lernen, ohne Überdruß zu empfinden, andere unterweisen, ohne dabei zu ermüden“ (Kap. VII.2).

„Unter dreien ist bestimmt einer, von dem ich lernen kann“ (Kap. VII.21).

„Man mische sich nicht ein in die Amtsgeschäfte eines Amtes, das man nicht innehat“ (Kap. VIII.14).

„Vor dem spätergeborenen Geschlecht muß man heilige Scheu haben. Wer weiß, ob es uns in Zukunft nicht übertreffen wird?“ (Kap. IX.22).

„Den Marschall der Armeen eines mächtigen Staats, den kann man gefangennehmen. Doch keinem, selbst dem Geringsten nicht, kann man den Willen nehmen“ (Kap. IX.25).

„Was man mir nicht antun soll, will ich auch anderen Menschen nicht zufügen“ (Kap. XII.2).

„Innerhalb der vier Meere sind alle Menschen meine Brüder“ (Kap. XII.5).

„Der Edle hilft seinen Mitmenschen, das Gute in ihnen zur Reife zu bringen, nicht aber das Schlechte“ (Kap. XII.16).

„Man soll sein Wort unter allen Umständen halten und seine Arbeiten unter allen Umständen durchführen“ (Kap. XIII.20). „Der Edle schämt sich davor, daß seine Worte seine Taten übertreffen“ (Kap. XIV. 29).

„Ich kümmere mich nicht darum, daß die Menschen mich nicht kennen, sondern darüber, daß es mir an Fähigkeiten mangelt“ (Kap. XIV. 32).

„Den Mann, der sich um Fernes nicht bekümmert, erwartet schon in nächster Nähe Kummer“ (Kap. XV. 11).

„Wer kleine Widrigkeiten nicht erträgt, verdirbt sich damit große Pläne“ (Kap. XV. 26).

„Wenn man in den Grundsätzen nicht übereinstimmt, kann man einander keine Ratschläge geben“ (Kap. XV. 40).

Diese direkt aus den Gesprächen des Konfuzius stammenden Sätze haben die Chinesen von klein auf auswendig gelernt und sind gewohnt, sich nach den Inhalten dieser Phrasen zu richten.

Hier ist noch ein anderes philosophisches Buch zu erwähnen. Dieses Buch, das genau so alt und berühmt wie die „Gespräche des Konfuzius" ist, heißt „Tao Te King"[3], geschrieben wahrscheinlich von Laotse. „Tao Te King" wurde zwar nicht in private Einklassenschulen eingeführt, aber hatte in China ebenfalls großen Einfluß. Viele Sätze daraus sind ebenfalls zu chinesischen Lieblingsphrasen geworden:

„Wer nicht ringt, mit dem kann niemand auf der Welt ringen" („Tao Te King", Kap. 22).

„Große Geister brauchen Zeit, um heranzuwachsen" (ebd. Kap. 41).

„Es gibt keine größere Sünde als viele Wünsche" (Kap. 46).

„Den Treuen vertraue ich. Den Ungetreuen vertraue ich auch." „Den Guten behandle ich gut, und den Nicht-Guten behandle ich auch gut" (Kap. 49).

„Das Unglück ist es, worauf das Glück beruht, das Glück ist es, worauf das Unglück lauert" (Kap. 58).

„Eine Reise von tausend Meilen beginnt mit einem ersten Schritt" (Kap. 64).

„Wenn die Leute den Tod nicht scheuen, wie will man sie denn mit dem Tode einschüchtern?" (Kap. 74).

„Trauenswerte Worte sind nicht schön; schöne Worte sind nicht trauenswert. Tüchtigkeit überredet nicht, Überredung ist nicht tüchtig." „Das Tao des Himmels ist Fördern, ohne zu schaden; das Tao des Menschen ist Dienen, ohne zu ringen" (Kap. 81).

Die Tatsache, daß die meisten Chinesen diese aus philosophischen Texten stammenden Sätze auswendig lernen mußten, bedeutet: Die chinesische Philosophie ist keine Sammlung alter erstarrter Kenntnisse im Elfenbeinturm, sondern beinhaltet reale Lebenstheorien, die oft tief in den Menschen eingewurzelt sind. Das Hingewandtsein auf die Menschen und auf das praktische Leben ist der

Grundzug alles chinesischen Philosophierens. Diese Lebenstheorien sind bei den Chinesen nichts anderes als Ethik; die chinesische Philosophie ist wesentlich nichts anderes als moralische Philosophie. Die chinesischen Philosophen aus der alten Zeit glauben, daß es nicht einfach ist, ein Mensch zu sein. Wohlverstanden: ein edler, kein gemeiner Mensch! Wer ein edler Mensch werden will, muß sorgfältig lernen. Ein solches Lernen ist sogar wichtiger als eine Berufsausbildung. Entscheidend dabei ist, daß nicht irgend etwas gelernt wird, sondern daß es sich um Philosophie handelt. Philosophie ist aber nicht schwer – oder gar unverständlich, da sie ja Bestandteil der Lebenserfahrung eines jeden Menschen ist. Der Philosophie kommt also eine hohe Bedeutung im Leben zu und muß deswegen von allen gelernt werden.

In dieser Untersuchung wird nicht die ganze lange chinesische Philosophiegeschichte von mehr als 2500 Jahren systematisch dargelegt, sondern nur das Wesentliche, das Charakteristische, nämlich die Quintessenz der chinesischen Philosophie. Dabei wird besonders dargestellt, welche Gedanken der chinesischen Philosophie noch lebendig und am wertvollsten und erforderlichsten für unsere gegenwärtige Gesellschaft sind.

Drei Perioden der chinesischen Philosophiegeschichte

Die Frühlings- und Herbstzeit und die Periode der Streitenden Reiche

Die erste Periode umfaßt die Zeit vom 8. bis zum 3. Jahrhundert v. Chr. Sie wird auch die Frühlings- und Herbstzeit und die Periode der Streitenden Reiche[4] oder die Vor-Qin-Zeit genannt. In diesem Zeitraum sind die größten Philosophen und die wichtigsten Schulen aufgetreten: Konfuzianismus, Taoismus, Mohismus, Legalismus, Sophismus und zahlreiche andere. Diese Periode zeichnet sich deshalb dadurch aus, daß „Hundert Schulen miteinander wetteifern“.

Im Jahre 771 v. Chr. brach die Westliche Zhou-Dynastie zusammen. Danach kamen die Frühlings- und Herbstzeit und die Periode der Streitenden Reiche. In dieser neuen Zeit teilten sich viele kleine und größere feudale Fürstentümer das uns heute als China bekannte Gebiet. Um die Vorherrschaft erlangen zu können, stoßen diese Fürstentümer miteinander zusammen. Die Regeln, Vorschriften und Riten der Zhou-Zeit wurden vollständig außer Kraft gesetzt, die Moralität ignoriert. Der Untertan tötete seinen Fürsten; der Sohn tötete seinen Vater. Um den eigenen Zweck zu erreichen, scheuten die Fürsten kein Mittel. Mit einem Wort: Diese neue Zeit zeichnet sich dadurch aus, daß überall Chaos herrschte.

Viele Menschen waren davon überzeugt, daß Heute mit Gestern unvergleichbar sei. Denn in der als goldenem Zeitalter empfundenen Vorzeit (nach der Meinung des Laotse und Zhuang Zi) oder sogar noch in der Westlichen-Zhou-Dynastie (nach der Meinung des Konfuzius) herrsche eine perfekte Weltordnung, alles existiere in Harmonie miteinander.

Die chinesischen Philosophen mußten sich also schon von Anfang an mit den Fragen der Realität beschäftigen. Die Kernfragen waren damals: Wie konnte man die Weltordnung erneut herstellen? Wie konnte man die gewaltsamen Auseinandersetzungen und die Feindseligkeiten einstellen, um den Weltfrieden realisieren zu können? Die erste Frage war für Konfuzius besonders interessant, der behauptete, daß nur durch die Selbstbeschränkung und Rückkehr zu den Riten und Sitten der Zhou-Zeit die Welt zu retten sei. Die zweite Frage war für Laotse von Interesse, der von einem Land der Vorzeit träumte: „Ein kleines Land! Ein Volk gering an Zahl! ... Man lasse das Volk wieder Stricke knoten und sie gebrauchen statt der Schrift. Mach' süß seine Speise, schön seine Kleider, friedlich seine Wohnung und fröhlich seine Sitten. Nachbarländer mögen in Sehweite liegen, daß man den Ruf der Hähne und Hunde gegenseitig hören kann, und doch sollen die Leute bis zum Tode keinen Kontakt miteinander haben" (Tao Te King, Kap. 80).

Zu dieser neuen Zeit bedienten sich viele der Fürstentümer politischer Berater. Das war eine gute Chance für die Philosophen, die ihre Gedanken in die politische Praxis umsetzen wollten. Außer Laotse und Zhuang Zi, die kein politisches Engagement hatten, versuchten fast alle Philosophen, an den Regierungsgeschäften teilzunehmen. Konfuzius und Menzius bekleideten zwar die Stellung eines Regierungsbeamten, aber in keiner hohen Position. Nur Mo Zi war es gelungen, an wichtiger Stelle eingesetzt zu werden, und genoß hohes Ansehen. Dank seiner Vermittlung wurden viele mögliche Kriege verhindert.

Im folgenden werden die Hauptgedanken der obigen philosophischen Schulen zusammengefaßt:

Konfuzianismus

Wichtige Schule im Gefolge der Lehre des Konfuzius. Diese Lehre zeichnet sich durch die Verehrung von Humanität, Gerechtigkeit, Höflichkeit, Weisheit und Zuverlässigkeit[5], durch das Eintreten für Loyalität und Nachsicht und für das Prinzip von Maß und Mitte[6] aus. In der Politik besteht sie auf der Tugendherrschaft und dem Menschlichkeitsgedanken, indem sie moralische Erziehung betont. Mit einem Wort: Um die Wohlfahrt des Menschen zu fördern und die Gesellschaftsordnung zu halten, müssen nach dem Konfuzianismus die fünf Beziehungen zwischen Vater und Sohn, Monarch und Beamten, Mann und Frau, älterem und jüngerem Bruder, Freund und Freund durch die Tugenden der Menschenliebe, Gerechtigkeit und Ehrerbietung bestimmt werden. Der Begründer der Konfuzianer-Schule ist Konfuzius (551–479 v.Chr.), Menzius (372–289 v.Chr.) ist der Überlieferer der Lehre des Konfuzius, der den Titel des „zweiten Heiligen“, nämlich nach Konfuzius, trägt.

Konfuzius ist Philosoph, Politiker, Pädagoge und Begründer der Konfuzianer-Schule. Er lebte in der letzten Periode der Frühlings- und Herbstzeit. Er stammte aus dem Fürstentum Lu (heute im Südwesten der Stadt Qu Fu in der Provinz Shan Dong, das Geschlecht des Kong hat sich durch zweieinhalb Jahrtausende bis heute fortgepflanzt; die Zahl der Nachkommen des Konfuzius geht inzwischen in die Zehntausend). Schon in früher Kindheit regte sich in ihm ein starker Zug zu den heiligen Bräuchen der Vorzeit. Sein liebstes Kinderspiel war es, mit kleinen Gefäßen die Opferriten nachzuahmen. Dieser Zug zum Altertum blieb ihm sein ganzes Leben lang. Da er die ästhetischen und emotionalen Qualitäten der traditionellen Riten liebte, suchte er jede Möglichkeit, sich der Wiederherstellung der alten Ordnung, nämlich der Ordnung der Zhou-Zeit, zu widmen. Er lernte nicht bei einem ständigen Lehrer. Wahrscheinlich hat er Laotse über die Sitte befragt. In jungen Jahren schon richtete er sein Haus als Schule ein und lehrte die Schüler, die sich alsbald um ihn sammelten, Geschichte, Dichtkunst und die Formen des Anstands. Als er fünfzig Jahre alt war, wurde er vom Zeremonienmeister und Protokollchef des Fürstentums Lu zum Justizminister befördert. Später reiste er mit seinen Schülern durch verschiedene Staaten (nämlich Fürstentümer) des damaligen Chinas, nämlich Song, Wei, Chen, Cai, Qi, Chu u. a. Die ganze Zeit über war er auf der Suche nach Menschen, besonders nach einem Menschen auf dem Thron, der gemeinsam mit ihm die Ideale der alten Zeit wieder einführen würde, jedoch vergebens. In seinen letzten Lebensjahren widmete er sich der Sammlung und Herausgabe der überlieferten kanonischen Bücher (u. a.: Das Buch der Lieder, das 300 Gesänge enthält, die lange vor Konfuzius' Lebenszeiten entstanden waren; das Buch der Geschichte, das die geschichtlichen Dokumente der vorgeschichtlichen Zeit und einige Werke über die historischen Stätten enthält). Von Konfuzius selbst verfaßt sind „Die Frühlings- und Herbstannalen". Nach der Überlieferung hatte er ungefähr dreitausend Anhänger. Von ihnen sind etwas mehr als siebzig bekannt. Er selbst schied aus dem Leben voller Enttäuschung darüber, daß keiner der Regierenden auf seine Lehre gewissenhaft hören und seine Grundsätze verwirklichen wollte. Er ahnte aber nicht, welch überwältigender und lange dauernder Erfolg seinen Gedanken beschieden sein sollte. Seine einzigartige Stellung geht auf die Han-Dynastie zurück. Im Jahre 135 v. Chr. erhob der bedeutendste Kaiser der Han-Zeit, Kaiser Wu, die Lehre des Konfuzius zur Staatsdoktrin, die für mehr als zweitausend Jahre das chinesische wissenschaftliche Denken beherrscht hat und zur Grundsubstanz der chinesischen Kultur geworden ist. Das noch heute erhaltene Grab des Meisters in Lu wurde eine wichtige Kultstätte des Reiches. 555 n. Chr. verordnete ein kaiserlicher Befehl, daß in jeder Provinzhauptstadt des Reiches für Konfuzius ein Tempel errichtet werde. Konfuzius genießt also die Achtung und Verehrung eines Heiligen.

Seine philosophische Lehre:

Konfuzius propagiert mit Nachdruck die Lehre von der *Humanität* (oder: Menschlichkeit). Humanität (Ren) bedeutet für ihn Menschenliebe, die nach seiner Meinung für ein harmonisches Miteinander des Menschengeschlechts absolute Voraussetzung und zugleich die höchste Stufe des Menschseins ist. Laut Konfuzius enthält der Begriff der Humanität folgende Inhalte: Hochachtung, Nachsicht, Zuverlässigkeit, Klugheit, Fürsorge, Weisheit, Tapferkeit, Loyalität, gegenseitige Rücksichtnahme, Ehrfurcht gegenüber den Eltern, Achtung gegenüber den älteren Brüdern.

Nach Konfuzius ist die Verwirklichung der Humanität nur zusammen mit der Beachtung der Sitten (nämlich der gesellschaftlichen und ethischen Bestimmungen) möglich. Die Sitten (Li) erfordern vernunftgemäße Vorsorge und Selbstbeherrschung. Sie dienen dem Zweck, die moralische Ordnung der Gesellschaft aufrechtzuerhalten, und der Ermutigung, harmonisch als Gruppe zusammenzuleben. Konfuzius meint: Nur wenn Monarch, Fürst, Graf, Beamter, Gelehrter und alle Menschen friedlich ihren Platz einnehmen, die Sitten der Vorzeit befolgen und nicht über ihre Position hinausgreifen, kann die ganze Gesellschaft stabilisiert werden.

Humanität und Sitten sind untrennbar und ergänzen sich gegenseitig. Humanität muß echt sein, und je größer sie ist, desto besser. Sitten müssen streng beachtet werden, und zwar je uneingeschränkter, desto besser.

Seine politische Lehre:

Er fördert das tugendhafte Regieren, die Erziehung zu Anstand und Sitte und bekämpft die grausame Herrschaft (er sagt: Tyrannei ist grausamer als ein Tiger) und willkürliche Hinrichtungen.

Seine pädagogische Lehre:

Er betont die Einheit von Lernen und Denken (Lernen ohne Denken ist ihm zufolge trübe, Denken ohne Lernen steril) und die These: „Man soll Altes wiederholen, dann kann man Neues erkennen“ (Vgl. Gespräche des Konfuzius, Kap. II, 11). Er besitzt den Geist des „Lernens, ohne Überdruß zu empfinden, andere zu unterweisen, ohne dabei zu ermüden“ (ebd., Kap. VII, 2).

Menzius ist Philosoph, Politiker und Pädagoge aus der Zeit der Streitenden Reiche. Er stammte aus dem kleinen Fürstentum Zou (heute im süd-östlichen Regierungsbezirk Zou in der Provinz Shan Dong). In früher Jugend schon verlor er den Vater. Doch war seine Erziehung bei seiner charakterstarken Mutter in den denkbar besten Händen. Zwei Geschichten sind in China allbekannt: Seine Mutter hatte zweimal den Wohnsitz gewechselt, um eine Umgebung zu finden, die dem Sohn ein gutes Vorbild bieten könne. Einmal zerschnitt sie das Gewebe auf dem Webstuhl, als ihr Junge einst in der Schule kein Interesse für das Lernen hatte. Seine Ausbildung erhielt Menzius bei den Nachfolgern von Zi Si. Um die Lehren seines verehrten Vorgängers Konfuzius in die Welt einzuführen, bereiste er die Staaten Qi, Song, Teng, Wei und andere, und einmal wurde er zum königlichen Ratgeber von König Xuan des Staates Qi ernannt. Da dieser aber seine Ansichten nicht in die Tat umsetzte, verließ er ihn wieder und schrieb mit seinen Schülern Wan Zhang, Gongsun Chou und anderen Bücher und stellte Theorien auf. Er ergänzte die Lehren seines Meisters und bildete innerhalb der Konfuzianer-Schule ein idealistisches System aus und hatte damit einen sehr großen Einfluß auf den Song-Konfuzianismus.

Seine philosophische Lehre:

Menzius legt großen Wert nicht nur auf Humanität (wie Konfuzius), sondern auch auf Gerechtigkeit (Yi). Er sagt: „Die Humanität ist die friedliche Wohnung des Menschen. Die Gerechtigkeit ist der rechte Weg des Menschen“ (vgl. Menzius, Li Lou, Teil 2; Wilhelm, S. 117). „Der Große Mann braucht nicht unter allen Umständen seine Arbeiten durchzuführen. Die Gerechtigkeit allein ist es, an der er festhalten muß“ (ebd., Li Lou, Teil 2; Wilhelm, S. 126). „Warum wollt Ihr durchaus vom Nutzen reden, o König? Es gibt doch auch den Standpunkt, daß man einzig und allein nach Humanität und Gerechtigkeit fragt“ (ebd., Liang Hui Wang, Teil 1, Wilhelm, S. 42). „Ist der Monarch humanitär, so werden alle Leute humanitär. Ist der Monarch gerecht, so werden alle Leute gerecht“ (ebd., Li Lou, Teil 2; Wilhelm, S. 125). „So wird aus allen Verhältnissen zwischen Monarch und Beamten, Vater und Sohn, älteren und jüngeren Brüdern die Rücksicht auf Vorteil entfernt und die Humanität und Gerechtigkeit beherrschen die gegenseitigen Beziehungen. Daß solche Zustände nicht die Weltherrschaft nach sich ziehen sollten, ist ganz undenkbar“ (ebd., Gao Zi, Teil 2; Wilhelm, S. 174).

Menzius meint, Mitleid, Furcht vor dem Bösen, Bescheidenheit, Gewissen sind die Anfänge von Humanität, Gerechtigkeit, Höflichkeit und Weisheit. Diese vier Anfänge besitzen alle Menschen, ebenso wie sie ihre vier Glieder besitzen. Und Humanität, Gerechtigkeit, Höflichkeit und Weisheit sind das vom Himmel verliehene eingewurzelte Wesen des Menschen. Der Mensch soll seine vier Anfänge des Guten zum Höchstmaß entwickeln, dann kann er sein eigenes Wesen erkennen und weiterhin den Himmel verstehen. Menzius' Lehre von der guten Veranlagung des Menschen wurde später in der Ideen-Schule der Song- und Ming-Zeit zu einer orthodoxen Doktrin vom Wesen des Menschen entwickelt. Im Gegensatz zu Menzius' Lehre von der „Wesensgüte“ des Menschen behauptet der Philosoph Xun Zi (ca. 313–238 v. Chr.; Vertreter einer Partei des Konfuzianismus), daß der Mensch seinem Wesen nach ursprünglich schlecht ist: „Das Wesen des Menschen ist eigentlich schlecht. Sein Gutes ist (vom Menschen selber künstlich) gemacht“ (vgl. Yan Beiming 1984, S. 458). Nur durch Erziehung zu den Prinzipien von Sitten und Recht kann man die Veranlagung zum Guten wenden.

Seine politische Lehre:

Menzius betont den Vorrang des Volkes vor dem Herrscher und lehrt damit, daß der Herrscher das Volk für wichtig erachten muß. Mit Nachdruck fordert er, sich nach den vorigen Kaisern (nämlich den sagenhaften Urkaisern bis herab zur Zhou-Dynastie) zu richten und eine humane Politik zu praktizieren.

Seine pädagogische Lehre:

Laut Menzius ist das moralische Bewußtsein von Humanität, Gerechtigkeit, Höflichkeit und Weisheit zwar kein erlerntes, sondern gewußtes eingewurzeltes Vermögen, die Wirkungen der Umgebung und Ausbildung auf den Menschen sind jedoch auch nicht zu unterschätzen. Er sagt: „Wenn die Menschen genügend Nahrung, warme Kleidung und behagliche Wohnung haben, aber keine Bildung, dann nähern sie sich den Tieren an" (vgl. Menzius, Teng Wang Gong, Teil 1; Wilhelm, S. 97). Er lehrt die Menschen, Gewicht darauf zu legen, sich tiefgreifend zu bilden und ihren Geist und Charakter zu vervollkommnen.

Taoismus

Eine wichtige Schule, in der die Tao-Lehre von Laotse und Zhuang Zi aus der Vor-Qin-Zeit im Mittelpunkt steht. Der traditionellen Meinung nach ist Laotse (ca. 571–480 v. Chr.) der Begründer des Taoismus[7], während Zhuang Zi (ca. 369–286 v. Chr.) die Gedanken des Laotse überliefert und weiterentwickelt hat. Der Taoismus behauptet, daß die Menschen in ihrem Denken und Handeln dem „Tao" folgen sollen, welches „zwar alles hervorbringt, aber nichts behält; zwar handelt, aber nicht stolz; zwar alles versorgt, aber nicht herrscht" (Laotse: Tao Te King, Kap. 51). In der Politik betont er „Herrschen durch Nicht-Eingreifen" und „Nichtbetonung der intellektuellen Ausbildung, dann gerät das Volk nicht in Streit" (ebd. Kap. 3). In der Ethik vertritt er „Beseitigung der Humanität und Aufgabe der Gerechtigkeit" (ebd. Kap. 19), denn die vom Konfuzianismus vertretene „sogenannte" Sittlichkeit ist dem Taoismus zufolge die Ursache der Unordnung. Mit einem Wort:

Um tatsächlich vordringen zu können, muß man sich nach dem Taoismus zurückziehen. Nur durch Nicht-Eingreifen kann man wirken.

Laotse ist als geschichtliche Persönlichkeit umstritten. Ob das Buch „Tao Te King" tatsächlich von ihm verfaßt wurde, war immer fraglich. Aber diese Situation entspricht vielleicht auch der Absicht Laotses, denn seiner ganzen Art nach hat er nie Wert auf Berühmtheit gelegt und war bestrebt, im verborgenen zu bleiben und nicht namentlich in Erscheinung zu treten. Folglich ist den Unklarheiten über den geschichtlichen Laotse nicht allzuviel Bedeutung beizumessen. Tao Te King ist jedenfalls vorhanden, einerlei wer es geschrieben hat.

Laotse ist wahrscheinlich Philosoph der Frühlings- und Herbstzeit, Begründer des Taoismus. Er stammte aus dem Bezirk Ku (heute östlicher Bezirk Lu Yi in der Provinz He Nan) des Staates Chu, war einmal „Bibliotheksbeamter" der Zhou-Dynastie. Belegt ist, daß Konfuzius ihm einmal einen Besuch abstattete, um ihn nach der Sitte zu befragen. Es ist überliefert, daß Laotse, erschrocken über den Verfall von Zhou, eine Reise machte. Als er, auf einem schwarzen Ochsen reitend, einen Grenzpaß passierte, bat ihn der Aufseher, seine Gedanken in einem Buch niederzuschreiben. So entstand Tao Te King, ein Buch bestehend aus zwei Abschnitten mit insgesamt mehr als fünftausend chinesischen Zeichen. Nach der Abfassung zog Laotse weiter nach Westen, wo sich seine Spur verlor – niemand weiß etwas über sein Ende.

Seine philosophische Lehre:

Laotse betrachtet „Tao" als das allgemeine Bewegungsgesetz aller Dinge oder deren Substanz: „Tao bringt Eins [nämlich Taiji] hervor. Eins bringt Zwei [Yin und Yang] hervor. Drei bringt alle Dinge hervor" (Tao Te King, Kap. 42). Das Tao ist also das in sich selber ruhende Unbedingte und zugleich das Maß, nach dem sich alles richtet. Wenn der Mensch dem Tao folgt, dann versteht er es, immer still zu bleiben, nicht zu wirken bzw. nicht einzugreifen. Die Lehre des Laotse zielt darauf, zum Weg ursprünglicher Natur und damit zu dauerndem Leben heimzukehren. Als Hindernisse sind zu verwerfen: Eigensucht, Gewinnstreben, Bildung, Kunst und Kultur.

„In die entgegengesetzte Richtung zu gehen ist das Bewegungsgesetz des Tao" (Tao Te King, Kap. 40): Laut Laotse haben alle Dinge an sich den Gegensatz der positiven und negativen Seite und der Wechsel der beiden gegensätzlichen Seiten ist stets wahrzunehmen. „Das Rechte kann sich in die Widrigkeit verkehren, das Gute kann sich in das Dämonische verkehren" (ebd., Kap. 58); „Das Unglück ist es, worauf das Glück beruht, das Glück ist es, worauf das Unglück lauert" (ebd., Kap. 58).

Zhuang Zi ist Philosoph aus der Zeit der Streitenden Reiche, Zeitgenosse von Menzius. Er stammte aus Meng (dem heutigen Nordosten von Shang Qiu in der Provinz He Nan). Er fristete sein Dasein als kleiner Beamter eines Lacksumachgartens; er war sogar so arm, daß er für seine Familie und sich Lebensmittel von einem Fürsten erbat. Als ihm aber König Wei des Staates Chu eine reich dotierte Stellung anbot, lehnte er ab. Dazu wird folgende Geschichte erzählt: Eines Tages fischte er am Flusse Pu. Da erhielt er Besuch von zwei hohen Beamten, die König Wei als Boten zu ihm geschickt hatte, und wurde gebeten, die Ordnung des Staates zu übernehmen. Zhuang Zi behielt die Angelrute in der Hand und sagte, ohne sich umzusehen: „Ich habe gehört, daß es in Chu eine Götterschildkröte gibt. Die ist nun schon dreitausend Jahre tot, und der König hält sie in einem Schrein mit seidenen Tüchern und birgt sie in den Hallen eines Tempels. Was meint Ihr nun, daß dieser Schildkröte lieber wäre: daß sie tot ist und ihre hinterlassenen Knochen also geehrt werden, oder daß sie noch lebte und ihren Schwanz im Schlamme nach sich zöge?" Die beiden Beamten sagten: „Sie würde es wohl vorziehen, zu leben und ihren Schwanz im Schlamme nach sich zu ziehen." Zhuang Zi sprach: „Geht hin! Auch ich will lieber meinen Schwanz im Schlamme nach mir ziehen" (vgl. Zhuang Zi, Buch XVII, Qiu Shui, Wilhelm, S. 191).

Diese Geschichte ist typisch für Zhuang Zi. Sein ganzes Leben war auf Freiheit ausgerichtet. Die Misere seiner materiellen Lage war nicht imstande, seine Ideale und seine Gelassenheit zu beeinträchtigen.

Seine philosophische Lehre:

Laut Zhuang Zi ist ein Mensch deshalb nicht frei, weil er einerseits von der Außenwelt, andererseits von seinem eigenen Körper belastet ist. Die richtige geistige Verfassung eines Menschen besteht hingegen darin, daß er sich nie beschränkt fühlt (Zustand der absoluten Ungezwungenheit): Er hat während des Schlafens keine Träume und beim Erwachen keine Sorge. Seine Speise ist einfach, sein Atem tief. Er kennt keine Lust am Geborensein und keinen Abscheu vor dem Sterben. Sein Eintritt in die Welt der Körperlichkeit ist für ihn keine Freude, sein Eingang ins Jenseits ist ohne Widerstreben. Gelassen kommt er, gelassen geht er. Nie kümmert er sich um seinen persönlichen Vor- oder Nachteil. Nur die objektive Naturgesetzlichkeit befolgt er. Der höchste Bewußtseinszustand des Menschen zeichnet sich dadurch aus, alles vergessen zu haben: Nach innen spürt er keinen Körper mehr, nach außen weiß er nicht mehr, daß es Himmel und Erde gibt. Angst und Sorge können ihn nicht mehr stören, Leben und Tod sind für ihn ganz egal. Er ist ins All aufgegangen und ist zu seiner Natur zurückgekehrt.

Vom Standpunkt des Tao aus sind alle Dinge auf der Welt ganz gleich. Zhuang Zi sagt: „Darum: was vom Standpunkt des Ichs aus ein Stengel ist oder ein Dachbalken, Häßlichkeit oder Schönheit, Humor oder List, Betrug oder Seltsamkeit: im Tao sind diese (Gegensätze) aufgehoben in der Einheit“ (Zhuang Zi, Buch II, Qi Wu Lun [Theorie der Gleichheit der Dinge], Wilhelm, S. 44). Das heißt also: Da das Tao alles beherrscht, sind alle Dinge die Ergebnisse der Verdinglichung des Tao. Alle Unterschiede zwischen den Dingen sind nur relativ, für das Tao sind sie ganz sinnlos, im Tao sind sie vollständig aufgehoben: „Einst träumte Zhuang Zi, daß er ein Schmetterling sei, ein flatternder Schmetterling, der sich wohl und glücklich fühlte und vergaß, daß er Zhuang Zi war. Plötzlich wachte er auf und merkte erstaunt, daß er wieder wirklich und wahrhaftig Zhuang Zi war. Nun weiß ich nicht, ob Zhuang Zi geträumt hat, daß er ein Schmetterling sei, oder ob der Schmetterling geträumt hat, daß er Zhuang Zi sei“ (vgl. Zhuang Zi, Buch II, Theorie der Gleichheit der Dinge, Wilhelm, S. 52). Diese Frage ist laut Zhuang Zi so zu beantworten: Vom Standpunkt des Tao aus ist Zhuang Zi der Schmetterling, und der Schmetterling ist Zhuang Zi. Beides stammt aus dem Tao, in dem es keinen Unterschied der Dinge mehr gibt.

Da alles im Tao ganz gleich ist, ist es uns unmöglich, ein gemeinsames Kriterium zur Beurteilung der Dinge zu finden. Ob ein Ding groß oder klein ist und ob eine Sache recht oder unrecht ist, entscheidet sich ausschließlich, von welchem Standpunkt aus man sie betrachtet. So ist z. B. manchmal die Spitze eines Flaumhaares als sehr groß zu bezeichnen, während manchmal der Tai-Berg als sehr klein zu bezeichnen ist. Ein totgeborenes Kind kann als ein Mensch im hohen Alter betrachtet werden, während Peng Zu [der achthundert Jahre gelebt hat] für einen früh Verstorbenen zu halten ist (vgl. ebd., Wilhelm, S. 46); „Schöne Frauen erfreuen der Menschen Augen. Aber wenn die Fische sie sehen, so tauchen die Fische in die Tiefe; wenn die Vögel sie sehen, so fliegen die Vögel in die Höhe; wenn die Hirsche sie sehen, so laufen die Hirsche sofort. Welches von diesen Geschöpfen weiß nun, was wahre Schönheit unter dem Himmel ist?“ (Ebd., Wilhelm, S. 48) „Angenommen, ich disputiere mit dir; du besiegst mich, und ich besiege dich nicht. Hast du nun wirklich recht? Habe ich nun wirklich unrecht? Oder aber ich besiege dich, und du besiegst mich nicht. Habe ich nun wirklich recht und du wirklich unrecht? Hat einer von uns recht und einer unrecht, oder haben wir beide recht oder unrecht? Ich und du, wir können das nicht wissen. Wenn aber alle Menschen auch in einer solchen Unklarheit sind, wen kann ich rufen, um zu entscheiden? Soll ich einen holen, der mit dir übereinstimmt, um zu entscheiden? Da er doch mit dir übereinstimmt, wie kann er entscheiden? Oder soll ich einen holen, der mit mir übereinstimmt? Da er doch mit mir übereinstimmt, wie kann er entscheiden? Soll ich einen holen, der von uns beiden abweicht, um zu entscheiden? Da er doch von uns beiden abweicht, wie kann er entscheiden? Oder soll ich einen holen, der mit uns beiden übereinstimmt, um zu entscheiden? Da er doch mit uns beiden übereinstimmt, wie kann er entscheiden? So können also ich und du und die anderen einander nicht verstehen, und da sollten wir auf einen großen Heiligen rechnen?" (Ebd., Wilhelm, S. 50–51) Da es kein einheitliches Kriterium gibt, können wir auf die Unterscheidung zwischen gut und schlecht, recht und unrecht und auf das Streben nach Wissen verzichten. Zhuang Zi sagt: „Unser Leben ist endlich; das Wissen ist jedoch unendlich. Mit dem Endlichen etwas Unendlichem nachzugehen, ist gefährlich. Wer sein Selbst eingesetzt hat, um die Erkenntnis zu erreichen, der ist schon gefährlich!" (Zhuang Zi, Buch III, Das Prinzip zur Gesunderhaltung, Wilhelm, S. 53).

Sein Werk: Zhuang Zi

Das Werk „Zhuang Zi" zerfällt heute in drei Teile: Buch I–VII: der „innere" Abschnitt; Buch VIII–XXII: der „äußere" Abschnitt; Buch XXIII–XXXIII: der „vermischte" Abschnitt.

Einer Meinung zufolge stammt nur der „innere" Abschnitt aus Zhuang Zis Hand. Der „äußere" oder „vermischte" Abschnitt wurde wahrscheinlich von ihm und auch von seinen Schülern und anderen Nachfolgern des taoistischen Denkens verfaßt. Einer anderen Meinung nach enthalten alle diese Abschnitte ausnahmslos den Gedanken des Zhuang Zi.

Der innere Abschnitt umfaßt sieben Kapitel, die ein vollständiges, stringent aufgebautes Werk ausmachen; es setzt sich hauptsächlich aus Fabeln zusammen. Der Verfasser versteht sich gut darauf, die abstrakte schwerverständliche Philosophie mit konkreten anschaulichen Geschichten zu vermischen, so daß der Leser mittels poetischer Phantasie den Zustand des Tao berühren kann.

Mohismus

Der Mohismus ist eine wichtige Schule aus der Zeit der Streitenden Reiche. Der Begründer ist Mo Zi (468–376 v. Chr.). Der

Mohismus befindet sich gedanklich zwischen Konfuzianismus und Taoismus. Im Gegensatz zur konfuzianischen Lehre, daß Liebe ihre Unterschiede hat[8], zeichnet sich der Mohismus durch seine Betonung der „allgemeinen Menschenliebe“ aus. Im Gegensatz zur taoistischen Theorie, die Weisheit aufzugeben, befürwortet er „Hochachtung der Gelehrsamkeit“. Er betont auch „Nicht-Angreifen“, „Sparsamkeit mit Gebrauchsgütern“, „Hochachtung der Gleichberechtigung“. Sein Gedanke vom „Nicht-Kämpfen“ weist auf die Abneigung der damaligen Bevölkerung gegen Angriffskriege. Der Mohismus ist eine praktische Nützlichkeitsphilosophie: Jede Theorie ist an dem Maßstab zu messen, ob sie Wohlstand und Wachstum der Bevölkerung hemmt oder fördert.

Sophismus

Der Sophismus ist eine Schule aus der Zeit der Streitenden Reiche. Die Sophisten diskutieren hauptsächlich die Frage der Beziehungen zwischen Begriffen und Wirklichkeit. Gongsun Long (325–250 v. Chr.), ein bedeutender Vertreter dieser Schule, ist bekannt durch seine Behauptung, daß „ein weißes Pferd nicht Pferd ist“. Das ist nicht nur begriffliche Spielerei. Nach ihm gibt es zwischen einem weißen Pferd und dem Pferd (der Gattung des Pferdes) einen Unterschied zwischen Besonderem und Allgemeinem. Wie Platon wußte er schon ein konkretes weißes Pferd von dem Begriff des Pferdes zu unterscheiden.

Legalismus

Der Legalismus ist ebenfalls eine wichtige Schule aus der Zeit der Streitenden Reiche. Der Hauptvertreter ist Han Fei (ca. 280–233 v. Chr.). Diese Schule betont, daß sich ein Herrscher nicht mit der Tugend befassen soll, sondern mit dem Recht. Gutes muß reichlich belohnt werden und Vertrauen finden, Böses muß schwer und ausnahmslos bestraft werden. Der Legalismus sieht eine ausgeprägte Rechtsübung und ein hohes Strafmaß vor sowie die Begründung eines Beamtensystems und die Kontrolle der Amtsführung von Beamten.

Oft wird der Konfuzianismus mit einem Reisladen verglichen und die anderen Schulen mit einer Apotheke. Der Konfuzianismus lehrt uns Verhaltensgrundsätze und moralische Vorschriften, die wir als Menschen täglich nie vernachlässigen dürfen. Deshalb ist das Lernen der konfuzianischen Lehre wie das Essen von Reis. Die anderen Schulen brauchen wir nur, wenn wir gelegentlich krank sind. Fühlt man sich z. B. schwach, dann braucht man den Taoismus als Stärkungsmittel. Dem Mohismus kommt, um im Bilde zu bleiben, die Rolle des Aspirins (Fieber- und Schmerzmittel) zu; der Legalist könnte als Chirurg beschrieben werden. Also: Der Konfuzianismus fungiert gleichsam als Nahrungsmittel, die anderen Schulen sind sozusagen Heilmittel.

Von der Westlichen Han-Zeit bis Ende der Späteren Zhou

Die zweite Periode reicht vom Jahre 206 v. Chr. (Anfang der Han-Zeit) bis zum Jahre 960 n. Chr. (Ende der Späteren Zhou). Das ist die Phase der chinesischen Philosophie der früheren feudalen Gesellschaft[9]. Diese Periode zeichnet sich durch zwei Ereignisse aus:

Erstens: In der Westlichen Han-Zeit gab es eine staatliche Bewegung dieser Gestalt: „Nur den Konfuzianismus fördern, die anderen Hundert Schulen abschaffen". Seitdem ist der Konfuzianismus zur Hauptströmung geworden, welche die ganze weitere Entfaltung des chinesischen Denkens bis zur Gegenwart überschattet und beherrscht hat.

Der Aufschwung des Konfuzianismus ist dem großen Philosophen Dong Zhongshu (179–104 v. Chr.) zu verdanken. Als der Han-Kaiser Wu gute Literaten (wie z. B. Mandarine in der Qing-Dynastie) fördern wollte, schlug ihm Dong Zhongshu vor: „Wenn diese Leute nicht die sechs grundlegenden Fähigkeiten (Ritual, Musik, Bogenschießen, Fahren, Schreiben, Rechnen) und die Lehre des Konfuzius innehaben, soll man ihre Laufbahn abbrechen und sie nicht weiterkommen lassen." Dies wurde vom Kaiser Wu angenommen, und damit wurde der Konfuzianismus zur Grundsubstanz der chinesischen traditionellen Kultur und beherrschte seitdem das chinesische wissenschaftliche Denken mehr als zweitausend Jahre lang. Dong Zhongshu stellte einen moralischen Maßstab für sämtliche Beziehungen zwischen den Menschen auf: *Drei Grundregeln* – der Monarch hat den Vorrang vor den Beamten, der Vater vor dem Sohn, der Ehemann vor der Ehefrau; und *fünf Grundtugenden* – Humanität, Gerechtigkeit, Höflichkeit, Weisheit und Zuverlässigkeit.

Zweitens: Der aus Indien hinzugekommene Buddhismus drang in der Östlichen Han-Dynastie (genau gesagt: 67 n. Chr.) nach China ein. Im Laufe von 400 bis 500 Jahren wurden die Übersetzungen und Studien der buddhistischen Werke immer zahlreicher, und bis zur Zeit der Sui- und Tang-Dynastie entstanden viele für China eigentümliche Schulen. Unter den anderen ist der Zen-Buddhismus am einflußreichsten.

Der Buddhismus in China

Seit seinem Eindringen in China hatte sich der Buddhismus in der Wei- und Jin-Dynastie (nämlich 220–420 n. Chr.) und in den Südlichen und Nördlichen Dynastien (nämlich 420–581 n. Chr.) entwickelt und in der Zeit der Sui- und Tang-Dynastie (nämlich 581–907) seinen Höhepunkt erreicht – in dieser Zeit kamen viele für China eigentümliche Schulen auf wie Tian Tai, Hua Yan, Wei Shi, Jing Tu, Ming Zong und Zen. In der Tang-Dynastie wurde der Buddhismus, zusammen mit dem Konfuzianismus und Taoismus, von dem Kaiser Tai Zong (Li Shiming) als staatliche Ideologie bestimmt. Der Buddhismus wurde deshalb zur größten Religion in der Tang-Zeit. Um der kaiserlichen Politik der Anwendung sowohl des Buddhismus als auch des Konfuzianismus und Taoismus zu entsprechen, nahm der Buddhismus der Tang-Zeit in sich viele Gedanken aus den anderen beiden auf und vervollständigte damit seine Lehre.

Vom Anfang der Song-Dynastie bis Ende der Qing-Dynastie: Neo-Konfuzianismus

Die dritte Periode erstreckt sich vom Jahre 960 (Anfang der Song-Dynastie) an bis zum Jahre 1911 (Ende der Qing-Dynastie). Das ist das Zeitalter der chinesischen Philosophie der späteren feudalen Gesellschaft oder das Zeitalter des *Neo-Konfuzianismus*, der aus drei Zweigschulen besteht:

– die *Ideen-Schule* von Cheng Hao (1032–1085), Cheng Yi (1033–1107) und Zhu Xi (1130–1200) aus der Song-Zeit:
  Diese Schule behauptet, daß Li, nämlich Ideen[10], eine selbständige objektive Substanz ist, die von Qi[11] (Materie) getrennt existiert. Diese Schule bestimmt Li als vor Himmel und Erde existierend und erhebt es (Li bedeutet faktisch das moralische Gesetz) zu einer ewigen, höchsten und unüberbietbaren Stellung. Diese Schule betont den Gegensatz zwischen der Himmels-Idee (nämlich Li) und der menschlichen Begierde und wünscht, daß die Menschen ihre selbstischen Triebe aufgeben und der Himmels-Idee folgen;
– *die Bewußtseins-Schule* von Lu Jiuyuan (1139–1193) aus der Zeit der Südlichen Song und Wang Shouren (1472–1529) aus der Ming-Zeit:
  Diese Schule betrachtet das menschliche Bewußtsein als Ursprung aller Dinge in der Welt. Mit den Sätzen „das Universum ist mein Bewußtsein, mein Bewußtsein ist das Universum“ und „Bewußtsein sind Ideen“ u. a. bekämpft sie die Ideen-Lehre der Cheng- und Zhu-Richtung. Mit dem Glauben, daß die Himmels-Idee, die menschliche Idee und die Ideen der Dinge nur in unserem Bewußtsein sind und daß das Bewußtsein die einzige Wirklichkeit ist, versucht diese Schule zu beweisen, daß jedes moralische Gesetz im menschlichen Bewußtsein enthalten ist und daß es ewig und unwandelbar ist;
– *die empiristische Schule* von Dai Zhen (1723–1777) aus der Qing-Zeit:

Im Gegensatz zu der von der Ideen-Schule vertretenen Theorie der „Priorität von Li vor Qi", behauptet Dai Zhen: „Die Idee der Dinge kann nur durch eine ins Feinste getriebene Analyse der Dinge erhalten werden" (Dai Zhen: Schriftzeichenerklärung zu Menzius). Er betont die Notwendigkeit, aus konkreter Erforschung der Dinge das Gesetz (nämlich Ideen) der Dinge zu erkennen. Mit der These „Ideen sind in den Trieben" bekämpft er die sogenannte Doktrin der „Beseitigung der menschlichen Triebe und Bewahrung der Himmels-Idee" der Ideen-Schule.

Diese drei Schulen des Neo-Konfuzianismus unterscheiden sich zwar voneinander und konkurrieren miteinander, aber im wesentlichen sind sie doch ganz gleich: Sie haben alle nicht nur die klassischen Schriften des Konfuzianismus überarbeitet, neu herausgegeben und kommentiert, sondern auch versucht, auf ihre eigene Weise auf der Grundlage des Konfuzianismus ein umfassendes Gedankengebäude zu errichten, nämlich die ursprünglich rein praktische Philosophie des Konfuzianismus in eine rein spekulative theoretische Philosophie zu verwandeln:

Die tief vom Taoismus beeinflußte *Ideen-Schule* stellt Ideen (Li) in den Vordergrund. Ideen sind in dieser Schule nichts anderes als das konfuzianistische sittliche Prinzip (nämlich: Humanität, Gerechtigkeit, Höflichkeit und Weisheit). Diese Schule hält Ideen für die Substanz des Kosmos, versittlicht so die ganze Welt und taucht sie damit noch tiefer in den originären Geist des Konfuzianismus ein. Wer die klassischen Schriften des Konfuzianismus nicht studiert, kann – so lehrt es diese Schule – die Ideen nicht beherrschen. Diese sich durch radikale Ethisierung des Kosmos auszeichnende Lehre der Ideen-Schule wurde später zur staatlich sanktionierten Auslegung des traditionellen Konfuzianismus.

Genau wie die Ideen-Schule meint auch die *Bewußtseins-Schule*, daß Ideen, nämlich das sittliche Prinzip, die einzige Grundlage der Welt ausmachen. Vom Zen-Buddhismus beeinflußt, behauptet diese Schule jedoch, daß Tugenden wie Humanität, Gerechtigkeit, Höflichkeit und Weisheit die vom Himmel verliehenen Eigenschaften des Menschen sind. Nur wenn man seine individuellen Begierden und Vorteile beiseite läßt und gemäß seinem angeborenen eingewurzelten Bewußtsein von Humanität und Gerechtigkeit handelt, kann das Verhalten von selbst dem moralischen Standard entsprechen. Dafür braucht man nicht viele Bücher zu lesen, man soll nur durch Reflektion die eigentliche Natur seiner Seele verstehen und beherrscht Ideen dadurch von selbst[12].

Die *empiristische Schule* betont ebenfalls Ideen, nämlich das sittliche Prinzip des Konfuzianismus. Die Besonderheit besteht in der Auffassung, daß das sittliche Prinzip auf den Empfindungen und Trieben des Menschen beruht. Jede Tat wird von Trieben verursacht. Zu jeder vollzogenen Tat tritt die Idee hinzu, nach der Recht oder Unrecht einer Tat beurteilt wird; insofern ergibt sich die Idee aus der Analyse des menschlichen Verhaltens. Die Rechtmäßigkeit der Ideen ist abhängig von ihrer allgemeinen Anerkennung, deswegen bilden Ideen auch keinen Gegensatz zu den Trieben, ganz im Gegenteil: die Ideen bestehen geradezu in den Trieben. Das sittliche Prinzip zielt darauf, die Begierde nicht zu bezähmen, sondern sie angemessen zu befriedigen. Die angemessene Befriedigung der Begierde ist ein idealer Zustand. Deshalb darf nicht ohne Beachtung der Triebe und Empfindungen von Ideen gesprochen werden.

Die Debatte um die menschliche Begierde und die Himmels-Idee

Wie man mit der menschlichen Begierde umgehen soll, ist eine Frage, die eine intensive Auseinandersetzung in der chinesischen Philosophiegeschichte (besonders seit der Song-Zeit) verursacht hat. Der Taoismus ist gegen jede Art von materiellen Begierden überhaupt. Ihm zufolge treiben gerade die Begierden den Menschen zum Kampf um Macht und Gewinn. Daher soll das Leben des Menschen einfach sein, je einfacher desto besser. Jede Belästigung verschwindet, wenn man vollständig ohne Begierde ist. Der Konfuzianismus hält dagegen die menschliche Begierde für normal. Zugleich behauptet er aber auch, sie durch das Sittengesetz beschränken zu müssen. Menzius sagt: „Um sein Gemüt zu bilden, gibt es nichts Besseres, als seine Wünsche wenig zu machen. Ein Mann, der wenig Wünsche hat, wird wohl auch einmal die Gewalt über sein Herz verlieren, aber doch selten. Ein Mann, der viele Wünsche hat, wird wohl auch einmal die Gewalt über sein Herz behalten, aber doch selten" (vgl. Menzius, Jin Xin, Teil 2, Wilhelm, S. 206).

In der Ideen-Schule des Neokonfuzianismus der Song-Zeit werden die Himmels-Idee (das Sittengesetz) und die menschliche Begierde aber gegeneinandergestellt, woraus sich sogar ein Asketismus entwickelt. Dem Prinzip von Maß und Mitte des alten Konfuzianismus widersprechend, hat diese Schule zu Unrecht das moralische Prinzip (die Himmels-Idee) verabsolutiert. Zhu Xi sagt: „Wenn die Himmels-Idee beibehalten wird, dann muß die menschliche Begierde weg sein. Wenn die menschliche Begierde gesiegt hat, dann ist die Himmels-Idee schon tot" (vgl. Yan Beiming 1984, S. 588). Damit lehrt er die Menschen, den Lebensdrang zu unterdrücken und das Sittengesetz absolut zu befolgen. Zhou Dunyi (1017–1073) aus der Zeit der Nördlichen Song meint auch: Nur durch Begierdelosigkeit und innere Ruhe läßt sich das höchste Ideal der Ethik erreichen. Cheng Hao behauptet: Man soll sich von keinen sinnlichen und materiellen Anreizen verlocken lassen. Cheng Yi sagt sogar: „An Hunger zu sterben, das ist sehr gering zu achten. Aber die Tugend zu verlieren, das ist sehr schwerwiegend" (ebd., S. 639). Die Auffassung der Ideen-Schule wurde vom damaligen Herrscher als orthodox erklärt, offenbar um seine Herrschaft zu festigen.

Unter dem Einfluß der Auffassung der Ideen-Schule ist in der späteren feudalen Gesellschaft Chinas die Begierde des Individuums überall schwer unterdrückt worden. Jede Art von Trieb, besonders der Sexualtrieb, wurde für moralwidrig gehalten. Als sittlich galt z. B., wenn sich ein Mann und eine Frau, die sich etwas reichten, nicht einmal mit der Hand berührten. So zeichnet sich die chinesische spätere feudale Gesellschaft durch ihre Überbewertung der moralischen Prinzipien und Geringschätzung der Begierde des Individuums aus.

Seit dem Eindringen der abendländischen Theorie der menschlichen Natur ist allmählich eine Gedankenströmung gegen die Unterdrückung der Begierde des Individuums entstanden. Kang Youwei (1858–1927, Führer der modernen Reformpartei), der den entsprechenden Gedanken des Wang Fuzhi (1619–1692) und Dai Zhen weiterentwickelt, betont die Rechtmäßigkeit der menschlichen Begierde. Er meint: Die menschliche Begierde gehört zur Natur des Menschen. Die Natur des Menschen besteht ausschließlich darin, nach Glück zu streben und dem Leiden auszuweichen. Die menschliche Begierde ist daher nur zu leiten, nicht aber zu verbieten.

Sich der Begierde nicht zu ergeben, sie aber auch nicht zu untersagen, ist eine richtige Haltung, die auf dem Prinzip von Maß und Mitte beruht. Fei Mi (1623–1699) aus der Zeit zwischen der Ming- und Qing-Dynastie sagt: „Trinken und Essen, Mann und Frau, das ist der große natürliche Trieb des Menschen. Dies gilt für alle – gewöhnliche Leute und auch die Weisen"; „Der Trieb ist eine Sache, der man sich nicht ergeben darf und die auch nicht zu verbieten ist" (ebd., S. 524). Chen Liang (1143–1194) aus der Zeit der Südlichen Song und Chen Que (1604–1677) aus der Zeit zwischen der Ming- und Qing-Dynastie gehen sogar davon aus, daß die Wünsche des Menschen mäßig zu befriedigen gerade die Himmels-Idee ist.

Einheit von Himmel und Mensch

Die chinesische Philosophie hat eine Geschichte von mehr als 2500 Jahren, die in drei Perioden eingeteilt werden kann. Die erste Periode, die zeitlich parallel mit der griechischen Philosophie bis zum römischen Kaiserreich verläuft, ist die wichtigste. Man kann sagen, daß sich die chinesische Philosophie ihrem gesamten Inhalt nach hauptsächlich im „Altertum" entwickelt hat[1].

In dieser äußerst wichtigen Periode sind zwar „Hundert Schulen" entfaltet, aber es sind nur Konfuzianismus und Taoismus, die einen lange anhaltenden und tiefgreifenden Einfluß in China und Ostasien hatten. Gerade in diesen zwei Schulen manifestiert sich die Quintessenz der chinesischen Philosophie.

Wenn man sich vom Konfuzianismus und Taoismus einen Begriff machen möchte, muß man sich zuerst mit der chinesischen vorphilosophischen Weisheit beschäftigen, denn diese macht die theoretische Grundlage des Konfuzianismus und Taoismus oder genauer gesagt, der ganzen chinesischen Philosophie, aus. Mit dieser vorphilosophischen Weisheit ist, um es in einem Begriff zusammenzufassen, der alte Gedanke der „Einheit von Himmel und Mensch" gemeint. Dieser Gedanke der Einheit von Himmel und Mensch kommt in einem sehr alten kanonischen Buch aus der vorkonfuzianischen Zeit zum Ausdruck: dem „I Ging". Es ist der greifbarste Bestand der vorphilosophischen Weisheit in China.

I Ging

I Ging ist ein Orakelbuch, mit dem man das Glück oder Unglück des Menschen wahrsagen kann. Es besteht aus zwei Teilen: Der erste Teil ist der Text, der 64 Grundfiguren und deren Erklärungen enthält. Nach der Überlieferung wurde dieser Teil von Fu Xi aus der Urzeit und vom König Wen aus der Westlichen Zhou-Dynastie (etwa 11. Jahrhundert v. Chr.) verfaßt. Laotse und Konfuzius haben diesen Teil gelesen. Der zweite Teil enthält zehn Kommentare zum Text, die wahrscheinlich von verschiedenen Verfassern aus der Zeit des Endes der Streitenden Reiche und des Anfangs der Westlichen Han-Dynastie (3. Jahrhundert v. Chr.) vollendet wurden (vgl. Yan Beiming 1984, S. 415; Professoren der Universität Beijing 1980, Bd. I, S. 142). I Ging selbst ist kein philosophisches Buch, beinhaltet aber vieles, was für die Philosophie bedeutsam ist.

I Ging bedeutet „Buch der Wandlungen". Der Wechsel, Entstehen und Vergehen in der Zeit, ist der erste Charakter der Welt und aller Dinge. Dieser Charakter steht im Mittelpunkt dieses Buches. Alles wandelt sich, das Unwandelbare ist der Wandel. Dieser Wandel ist der aller Dinge, nämlich des ganzen Universums. Folgende Frage entsteht: Was ist der Grund des Wandels des Kosmos? Oder: Was ist der Ausgangspunkt der Verwandlung der Welt? Im I Ging ist diese Antwort zu finden: Der Ausgangspunkt ist Taiji (Den folgenden Inhalten, nämlich dem Gedankengang von Taiji über Yin-Yang und den vier Erscheinungen zu den acht bzw. vierundsechzig Grundfiguren, liegt der zweite Teil von I Ging zugrunde – oder genau gesagt: Allgemeiner Kommentar zu dem Text, I. Abteilung: „... Darum gibt es in Wandlungen Taiji [den großen Uranfang]. Dieser erzeugt zwei Grundelemente [Yin und Yang]. Diese zwei Grundelemente erzeugen vier Erscheinungen. Die vier Erscheinungen erzeugen acht Grundfiguren" [vgl. I Ging, Allgemeiner Kommentar zum Text, I. Abteilung; Wilhelm, S. 295]. Dieser „Allgemeine Kommentar zu dem Text" kam aus der Zeit des Endes der Streitenden Reiche, nämlich nach der Zeit von Laotse und Konfuzius).

Taiji

Taiji ist der Ursprung des Universums, oder das Ursprungsprinzip aller geschaffenen Dinge, nämlich die absolute Substanz. Taiji als Ursprung aller geschaffenen Dinge ist gestaltlos, dunkel, chaotisch und unergründlich. Taiji als einer der wichtigsten chinesischen philosophischen Begriffe stellt ein Objekt dar, das nicht durch begriffliche Analyse, sondern nur durch instinktive Synthese zu erfassen ist. Dieser Ursprung ist zuerst unsichtbar. Hier können wir es mit einem einfachen Kreis illustrieren:

Aber Taiji muß sich zeigen. Wenn Taiji sichtbar ist, dann heißt Taiji nicht mehr Taiji, sondern Yin-Yang. Yin-Yang sieht so aus:

Yin-Yang

Yin und *Yang* sind daher das sichtbare Taiji. Yin und Yang sind zwei sichtbare Elemente. Yang: ein lichtes, warmes, festes, männliches und positives Element, das den Himmel darstellt. Yin ist dagegen ein dunkles, kaltes, weiches, weibliches und negatives Element, das die Erde darstellt[2].

Yang und Yin als die ursprünglichsten Elemente des Universums stehen zueinander im Gegensatz. Sie überwinden sich gegenseitig. Zugleich sind sie aber auch voneinander abhängig. Erstens gibt es kein absolut reines Yang oder absolut reines Yin. Wie das Bild von Yin-Yang zeigt, begreift Yang in sich auch einen Embryo von Yin, vice versa. Zweitens hängen die beiden Gegensätze voneinander ab, sie vervollständigen und stärken sich gegenseitig. Yang und Yin umspannen sich und machen sich zu einem, so ergibt sich daraus eine Symmetrie oder ein Gleichgewicht.

Yang und Yin als die ursprünglichsten Elemente des Universums stehen nicht still, sondern sie befinden sich immer in einer Verwandlung. Beide lösen sich in einem beständigen Kreislauf ab, das ist ein Bewegungsprozeß, durch den alles in der Welt hervorgebracht wird.

Vier Erscheinungen[3]

Im I Ging wird Yang mit einem Strich „⚊“ bezeichnet, Yin mit einem gebrochenen Strich „⚋“. Die Kombination von Yin und Yang bedeutet die von Himmel und Erde. Aus der Kombination von Himmel und Erde ergeben sich die Zeit (Frühling, Sommer, Herbst und Winter) und der Raum (Osten, Süden, Westen und Norden). Aus den Kombinationen von Zeit und Raum ergeben sich dann vier Erscheinungen:

⚌ Yang + Yang: sehr stark, das Zeichen von Süden und Sommer

⚏ Yin + Yin: sehr schwach, das Zeichen von Norden und Winter

⚎ Yin + Yang: etwas stark, das Zeichen von Osten und Frühling

⚍ Yang + Yin: etwas schwach, das Zeichen von Westen und Herbst

Bildhaft:

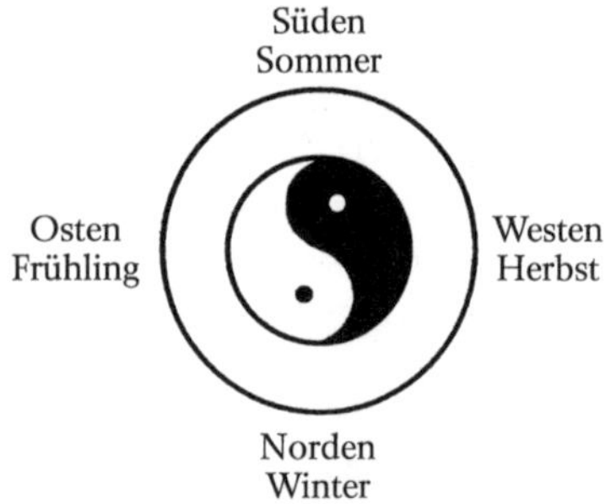

Acht Grundfiguren[4]

Bis jetzt können das Zeichen von Yin (Erde) „— —" und das von Yang (Himmel) „——" nur die Zeit und den Raum bezeichnen, aber nicht alle Dinge. Das bedeutet: Zwei Striche sind nicht genug, ein dritter wird benötigt. So bekommen wir jetzt drei Striche: Einer stellt den Himmel dar, einer die Erde, einer den Menschen.

Stellt man diese drei Striche (Himmel, Erde und Mensch) zusammen, so ergeben sich acht Kombinationsmöglichkeiten, nämlich acht Grundfiguren (oder acht Trigramme), wobei jede Figur eine Naturerscheinung versinnbildlicht:

☰	das Zeichen von Himmel	(Qian)
☷	das Zeichen von Erde	(Kun)
☱	das Zeichen von See	(Dui)
☶	das Zeichen von Berg	(Gen)
☲	das Zeichen von Feuer	(Li)
☵	das Zeichen von Wasser	(Kan)
☳	das Zeichen von Donner	(Zhen)
☴	das Zeichen von Wind	(Xun)

Als Bild:

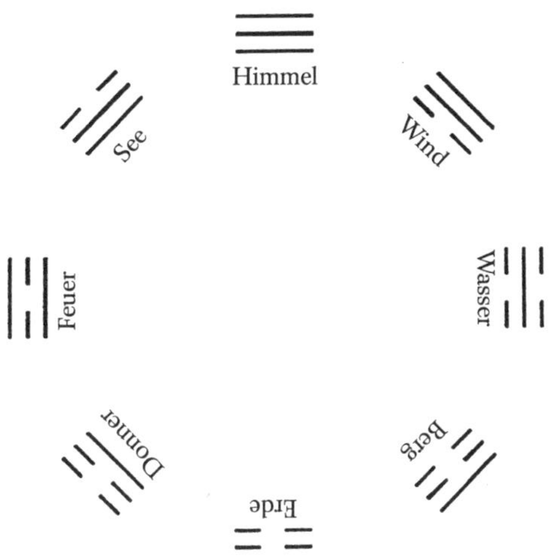

Vierundsechzig Grundfiguren[5]

Diese acht Grundfiguren allein sind noch nicht genug. Dadurch, daß die acht Grundfiguren auf verschiedene Weise miteinander kombiniert werden, ergeben sich vierundsechzig Grundfiguren, die noch mehr Naturerscheinungen und Veränderungen der menschlichen Angelegenheiten bezeichnen können.

Beispiele:

Nr. 5 Xu
oben: das Wasser
unten: der Himmel
Bedeutung: Das Wasser ist über dem Himmel, das heißt „Nässe“.

Nr. 10 Lü
oben: der Himmel
unten: der See
Bedeutung: Der See dehnt sich bis zum Himmel aus: „Harmonie“.

Nr. 14 Da You
oben: das Feuer
unten: der Himmel
Bedeutung: Mit dem Feuer ist hier die Sonne gemeint, die droben am Himmel steht: „reiche Ernte“.

Nr. 15 Qian
oben: die Erde
unten: der Berg
Bedeutung: Der Berg verbirgt sich unter dem Boden: „Bescheidenheit“.

Nr. 34 Da Zhuang
oben: der Donner
unten: der Himmel
Bedeutung: Der Donner grollt am Himmel: „Stärke“.

Nr. 37 Jia Ren
oben: der Wind
unten: das Feuer
Bedeutung: Der Wind bläst, das Feuer prasselt: „Kochen zu Hause“.

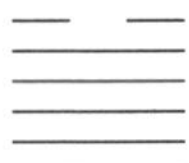

Nr. 43 Guai
oben: der See
unten: der Himmel
Bedeutung: Das Wasser ragt zum Himmel: „Hochwasser“.

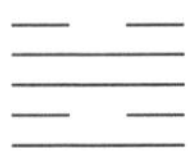

Nr. 58 Dui
oben: der See
unten: der See
Bedeutung: Die beiden Seen sind miteinander verbunden: „gute Beziehung“.

Nr. 59 Huan
oben: der Wind
unten: das Wasser
Bedeutung: Der Wind bläst leicht, das Wasser des Sees kräuselt sich: „Entspannung“.

Die philosophischen Gedanken im I Ging

I Ging ist ursprünglich ein Orakelbuch, mit dem die Gunst oder Ungunst des Schicksals des Menschen aussagbar ist. Zu diesem Buch wurden später Kommentare verfaßt, und so verwandelte es sich dann in ein Buch, das viele philosophische Gedanken enthält, welche die gemeinsame Wurzel der verschiedenen Schulen der chinesischen Philosophie darstellen und einen tiefen Einfluß auf die Denkform der späteren Chinesen ausgeübt haben. Konfuzius schätzt es hoch ein, daß man im I Ging sogar moralische Verhaltensregeln finden kann. Er sagt deshalb: „Wären mir noch einige Jahre vergönnt und dürfte ich mit Fünfzig nun I Ging studieren, so könnte ich wohl größere Verfehlungen vermeiden" (Gespräche des Konfuzius, Kap. VII.16).

Die philosophischen Gedanken im I Ging sind im folgenden genannt (Den folgenden Inhalten liegt der zweite Teil von I Ging zugrunde):

Wandlung ist das Grundgesetz des Kosmos

Wandlung: Das Wesentliche im I Ging

I Ging heißt auf deutsch „Das Buch der Wandlungen". „I" bedeutet „Wandlungen", „Ging" „Klassikerwerk". Im I Ging wird die Wandlung der Welt und des Lebens des Menschen durch die Kombinationen der verschiedenen Grundfiguren (Trigramme) gezeigt und erforscht. In dem allgemeinen Kommentar zum Text von I Ging heißt es: „Die heiligen Weisen stellten die Zeichen auf, damit man daran die Erscheinungen erblicken sollte. Sie fügten die Urteile bei, um Heil und Unheil zu zeigen. Indem die festen und weichen Striche einander verdrängen, entsteht Veränderung und Umgestaltung" (I Ging, Xi Ci Shang; Wilhelm, S. 266–267).

Tao: Das Grundgesetz der Wandlung und Umgestaltung

Alle Dinge auf der Welt sind voneinander unterschieden, allerdings haben sie etwas miteinander gemeinsam. Diese einzige Gemeinsamkeit der Dinge nämlich ist Wandlung. Das, was diese Wandlung oder Umgestaltung verursacht und leitet, heißt Tao. Was ist also Tao? Im I Ging heißt es: „Ein Yin und ein Yang, das heißt Tao. Das Tao zu befolgen, heißt Güte. Das Tao zu vollenden, heißt die Natur des Menschen" (ebd., Xi Ci Shang; Wilhelm, S. 275–276). „Indem die festen Striche [nämlich Yang] und weichen Striche [Yin] einander verdrängen, entsteht Veränderung und Umgestaltung" (ebd., Wilhelm, S. 267). Das bedeutet: Der Wechsel von Yin und Yang stellt das innere Bewegungs- und Veränderungsgesetz aller Wesen dar. Unter der Leitung des Tao kommen die Dinge nie zum Stillstand, sondern der Kreislauf des Werdens setzt sich ewig fort.

Leben zu spenden ist das Wesen der Wandlung

„Himmel und Erde kommen in Berührung, und alle Dinge gestalten sich und gewinnen Form. Das Männliche und Weibliche mischen ihren Samen, und alle Wesen gestalten sich und werden geboren" (ebd., Xi Ci Xia; Wilhelm, S. 316). Es ist sehr wahrscheinlich, daß Fu Xi, einer der Verfasser des Textes des I Ging, aus der Tatsache, daß jedes Kind, das zur Welt kommt, einen Vater und eine Mutter hat, die Schlußfolgerung zieht, daß alle Wesen aus der Kopulation von Yin und Yang entstanden sind. Deshalb heißt es im I Ging: „Geburt neuen Lebens heißt Wandlung" (ebd., Xi Ci Shang; Wilhelm, S. 278). Dieser Geburtsvorgang aller Dinge im Universum ist ein großes Wunder, meinte Konfuzius: „Redet etwa der Himmel? Die vier Jahreszeiten gehen ihren Gang, alle Dinge werden erzeugt und wachsen. Doch spricht der Himmel je ein Wort?" (Gespräche des Konfuzius, Kap. XVII.19)

Leben zu spenden ist nicht nur eine Naturerscheinung, sondern auch eine Tugend. „Die große Tugend von Himmel und Erde ist es, Leben zu spenden" (I Ging, Xi Ci Xia; Wilhelm, S. 303). Das Gute und die Tugend bestehen hier darin, ständig neues Leben zu gebären. Das Gute des Menschen besteht darin, diese Tugend der Geburt neuen Lebens von Himmel und Erde zu pflegen und das Volk zu ernähren. In der chinesischen Philosophie sind die Begriffe wie „Herzensgüte", „Humanität" und „Tugend" immer an „Leben-Spenden" gebunden.

Der Kosmos: Ein ordnungsgemäßer Entwicklungsprozeß

Ordnung

Im I Ging wird der Entstehungsprozeß des Kosmos dargelegt. Durch das nacheinander erfolgende Auftreten von Taiji, Yin-Yang, den vier Erscheinungen, acht Grundfiguren und vierundsechzig Grundfiguren wird ein großes Ordnungssystem aufgebaut. Alle Pflanzen wachsen, blühen, tragen Früchte, welken und sterben ab nach den vier Jahreszeiten darin spielen Yin (kaltes Element) und Yang (warmes Element) eine entscheidende Rolle. Alle Wesen haben ihren eigenen Entwicklungs- und Veränderungsprozeß, die Prozesse insgesamt stellen dann ein großes gegenseitig verbundenes System dar.

Maß und Mitte

Im I Ging wird gezeigt, daß die Entstehung und Veränderung aller Dinge in der Welt von der Interaktion zwischen Yin und Yang, die entgegengesetzte Elemente sind, veranlaßt werden. Deswegen heißt es im I Ging, um diesen wichtigen bereits zitierten Satz zu wiederholen: „Himmel und Erde kommen in Berührung, und alle Dinge gestalten sich und gewinnen Form. Das Männliche und Weibliche mischen ihren Samen, und alle Wesen gestalten sich und werden geboren" (I Ging, Xi Ci Xia; Wilhelm, S. 316). „Zwei Elemente [nämlich Yin und Yang] beeinflussen und antworten einander, so daß sie sich vereinigen ... Himmel und Erde beeinflussen einander, und alle Dinge gestalten sich und entstehen" (ebd., Kommentar zur 31. Grundfigur Xian; Wilhelm, S. 485); „Auf diese Weise vereinigen sich Himmel und Erde, und alle Wesen kommen in Verbindung. Obere und Untere vereinigen sich, und ihr Wille ist gemeinsam“ (ebd., Kommentar zur 11. Grundfigur Tai; Wilhelm, S. 402). Das bedeutet: Yin und Yang sind zwar zwei entgegengesetzte Elemente, jedoch sind sie miteinander untrennbar verbunden. Gerade weil die beiden in einem ausgeglichenen und harmonischen Verhältnis zueinander stehen, können sich alle Dinge gestalten bzw. werden geboren. Wenn ein Element beachtet und verstärkt und das andere dagegen mißachtet und abgeschwächt wird, dann können sich die Dinge nicht normal entwickeln. Ein gutes Beispiel findet sich im Kommentar zur 38. Grundfigur Kui (der Gegensatz):

Nr. 38 Kui
oben: das Feuer
unten: der See

Als Gegensätze bestehen der See und das Feuer jetzt jedoch in einer Einheit. Im Kommentar zur Figur Kui heißt es: „Himmel und Erde bilden einen Gegensatz, aber ihr Wirken ist gemeinsam. Mann und Frau bilden einen Gegensatz, aber ihr Streben geht auf Vereinigung. Alle Wesen stehen im Gegensatz zueinander, und ihre Wirkungen werden dadurch in Ordnung gegliedert. Groß wahrlich ist die Wirkung der Zeit des Gegensatzes“ (ebd., Kommentar zur 38. Grundfigur Kui, Wilhelm, S. 513).

Außerdem kann man im Yin-Yang-Bild noch konkreter und anschaulicher den Gedanken von Maß und Mitte des I Ging erfassen. In diesem Bild befinden sich Yin und Yang, die einander fördern, aber auch beschränken, in einem dynamischen Gleichgewicht. Yang überragt nicht Yin, Yin überragt nicht Yang. Yin und Yang unterscheiden sich zwar voneinander, sind aber zugleich miteinander verbunden, sie ergänzen einander sogar und sind wechselseitig voneinander abhängig, um eine Symmetrie zu erreichen und zu erhalten. Nur so kann sich der Kosmos in einem ausgeglichenen und stabilen Zustand befinden. Wird dieser Gedanke der Balance von Yin und Yang auf das soziale Leben der Menschheit angewandt, dann tritt das Prinzip von Maß und Mitte auf. Das heißt: Wenn man sich richtig benehmen und alle Angelegenheiten vernünftig regeln möchte, muß man gegen jede Art von Einseitigkeit und Extrem sein. Das Prinzip heißt hier nicht „Entweder-Oder", sondern „Sowohl-Als-auch". Zwei diametral entgegengesetzte Seiten sind auf eine das richtige Maß haltende Weise zu versöhnen, damit beide in Balance gehalten werden.

Harmonie

Nur wenn in der Natur die vier Jahreszeiten ihre Ordnung haben und Yin und Yang aufeinander abgestimmt werden, nur wenn in der Gesellschaft das Prinzip von Maß und Mitte durchgesetzt wird und jede Art von Extrem ausgeschlossen ist, kann ein harmonisches Gleichgewicht gehalten werden, dann nämlich steht alles in der Welt miteinander in Einklang. Das Streben nach einer harmonischen Beziehung, in der sich alles befindet, ist das Grundmotiv des chinesischen philosophischen Denkens.

Wer sich dem Tao fügt, gedeiht; wer dem Tao Widerstand leistet, geht unter

Die Weltordnung ist das Heilige und Göttliche in der alten Zeit Chinas. Wer dem Tao folgt, dem widerfährt Glück, wer dem Tao widerspricht, dem widerfährt mit Sicherheit Unglück. Folglich muß jeder bestrebt sein, den Verwandlungen des Kosmos zu entsprechen und mit der Ordnung von Himmel und Erde übereinzustimmen. „Darum: Der Himmel erzeugt göttliche Dinge; der Heilige und der Weise nehmen sie als Muster. Himmel und Erde ändern und gestalten sich: der Heilige und der Weise ahmen sie nach" (I Ging, Xi Ci Shang; Wilhelm, S. 296). „Der große Mann stimmt in seinem Charakter überein mit Himmel und Erde, in seinem Licht mit Sonne und Mond, in seiner Folgerichtigkeit mit den vier Jahreszeiten, in Glück und Unglück, das er schafft, mit den Göttern und Geistern" (ebd., Kommentar zu den Textworten von der 1. Grundfigur Qian; Wilhelm, S. 353).

Beispiel Nr. 1: Männer und Frauen haben jeweils ihre Ordnung. Der Mann ist für äußere Angelegenheiten verantwortlich, während die Frau für innere Angelegenheiten zuständig ist. „Der rechte Platz der Frau ist im Innern; der rechte Platz des Mannes ist im Äußern. Daß Mann und Frau ihre rechte Stellung haben, ist der größte Begriff in der Natur. Unter den Angehörigen der Sippe gibt es gestrenge Herren: es sind die Eltern. Wenn der Vater in Wahrheit ein Vater ist und der Sohn Sohn, wenn der ältere Bruder ein älterer Bruder ist und der jüngere Bruder ein jüngerer, der Gatte Gatte und die Gattin Gattin, so ist das Haus auf dem rechten Weg. Dadurch, daß man das Haus recht macht, kommt die Welt in feste Geleise" (ebd., Kommentar zur 37. Grundfigur Jia Ren; Wilhelm, S. 509).

Beispiel Nr. 2: Was das Prinzip, nach dem sich ein Mensch als ein aufrechter Mensch benehmen soll, betrifft, so heißt es im I Ging: „Innen ist Yang [das feste und männliche Element], außen ist Yin [das weiche und weibliche Element], innen Stärke und außen Hingebung, innen der Edle und außen der Gemeine" (ebd., Kommentar zur 11. Grundfigur Tai; Wilhelm, S. 402). Das ist nämlich das Tao, nach dem man sich benehmen soll.

Das Prinzip der Ordnung ist das grundlegende Prinzip der chinesischen Philosophie, auf das sowohl der Konfuzianismus als auch der Taoismus zielen.

Der Konfuzianismus betont die Ordnung, die in der Familie, in der Gesellschaft und im Staat beachtet werden soll. Der Taoismus legt großen Wert auf die Ordnung, die in der Einheit von Mensch und Natur besteht.

Einklang von Mensch und Himmel (All)

Der Mensch muß mit dem Tao aller Dinge auf der Welt deshalb übereinstimmen, weil die Verhaltensregel des Menschen und die Veränderungsregel des Kosmos ein und dieselbe ist (das Tao in der Veränderung des Kosmos ist auch das Tao im Leben des Menschen). Der Kosmos stellt ein einheitliches Ganzes dar, zu dem der Mensch als ein Teil gehört [Im I Ging wird gezeigt, daß der Mensch (———), der Himmel (———) und die Erde (———) nebeneinander stehen, die den ganzen Kosmos zusammensetzen][6].

☰

Der Begriff des Himmels nimmt eine sehr bedeutende Stellung in der chinesischen Philosophie ein. Mit dem Begriff des Himmels ist sowohl die gesamte Veränderungsregel des Kosmos oder Gott als Beherrscher aller Dinge als auch die materiale objektive Natur gemeint.

Unter dem Einfluß des I Ging betonen fast alle chinesischen philosophischen Schulen die Ansicht des Einklangs von Mensch und Himmel. Laotse hebt vor: „Das Tao des Himmels schädigt das, was vollständig ist, und ergänzt das, was unvollständig ist. Umgekehrt dagegen das Tao des Menschen: Es schädigt das, was unvollständig ist, und verbessert das, was vollständig ist" (Tao Te King, Kap. 77). Er meint damit, daß die Menschen gemäß dem Gesetz des Himmels (nämlich dem Bewegungsgesetz der Natur) handeln sollen. Zi Si (483–402 v. Chr., Enkel des Konfuzius) und Menzius betonen besonders die Lehre der Einheit von Himmel und Mensch, z. B. in „Die Lehre von Maß und Mitte": „Vertrauenswürdigkeit ist das Tao des Himmels, Vertrauen ist das Tao des Menschen" („Die Lehre von Maß und Mitte", wahrscheinlich von Zi Si verfaßt, Kap. 20). Sie meinen: Wenn die Menschen nur die Tugend des „Vertrauens" unter sich verbreiten, dann „können sie die Selbstentwicklung von Himmel und Erde unterstützen", dann „gelangen sie zur Einheit von Himmel und Erde" (ebd., Kap. 22). Später bringt der Han-Gelehrte Dong Zhongshu (179–104 v. Chr.) vor: „Himmel und Mensch: zusammen bilden sie eine Einheit" (vgl. Yan Beiming 1984, S. 86). Der Song-Gelehrte Zhu Xi ist ebenfalls dieser Meinung: „Himmel und Mensch sind eine Sache; Innen und Außen sind ein und dieselbe Idee. Der Übergang ist kontinuierlich, es gibt keinen Bruch zwischen ihnen" (vgl. Yan Beiming 1984, S. 121).

Der in der chinesischen Philosophie hervorgehobene Einklang von Himmel und Mensch begreift in sich zwei Bedeutungen:

Erstens: Die moralische Einheit von Himmel und Mensch:

Das Zitat oben aus „Die Lehre von Maß und Mitte" zeigt eine Theorie der moralischen Einheit von Himmel und Mensch. Sowohl der Konfuzianismus als auch der Taoismus vertreten die Meinung, daß der Himmel eine Tugend besitzt, nämlich die Himmels-Tugend. In „Zhuang Zi" heißt es: „Die Herrscher der alten Zeiten regierten das Reich, indem sie nicht eingriffen, und Nicht-Eingreifen ist eben die Himmels-Tugend" [Zhuang Zi, Buch XII, Tian Di; Wilhelm, S. 129]. „Leer, Ruhe und Schmacklosigkeit ist Einigung mit der Himmels-Tugend" [Zhuang Zi, Buch XV, Ke Yi; Wilhelm, S. 171]. Beim Konfuzianismus lassen sich die Ruhe, das Ohne-Begierde-Sein und Nicht-Eingreifen des Himmels auf die Tugend „Vertrauenswürdigkeit und Aufrichtigkeit" reduzieren. Menzius sagt: „Vertrauenswürdigkeit zu haben ist der Weg des Himmels. Nach der Vertrauenswürdigkeit zu streben ist der Weg des Menschen. Es gibt keinen, der höchstens vertrauenswürdig und aufrichtig ist und aber die Menschen nicht bewegen kann. Es gibt auch keinen, der zwar nicht vertrauenswürdig und aufrichtig ist und doch die Menschen bewegen kann" (Menzius, Li Lou, Teil 1; Wilhelm, S. 118). Vertrauenswürdigkeit und Aufrichtigkeit sind nicht nur die Himmels-Tugend, sondern auch das höchste moralische Ideal, dem jeder nachstreben soll. Der Himmel ist vertrauenswürdig und aufrichtig, der Mensch soll auch so sein. Um diesen Zweck zu erreichen, muß man immer ehrerbietig sein, sich selbst beherrschen und Selbstsucht überwinden. Nur so kann man in der Tugend der Vertrauenswürdigkeit und Aufrichtigkeit mit dem Himmel übereinstimmen.

Die Theorie der moralischen Einheit von Himmel und Mensch verkörpert sich auch in Menzius' Lehre „Mensch von Natur gut". Menzius sagt: „Wer seiner Seele auf den Grund kommt, der erkennt sein eigentliches Wesen. Die Erkenntnis dieses eigentlichen Wesens ist die Himmelserkenntnis“ (Menzius, Jin Xin, Teil 1, Wilhelm, S. 184). Nach Menzius stimmen Himmel und Mensch überein. Die gute Veranlagung des Menschen ist vom Himmel verliehen worden. Erfaßt man seine eigene gute Veranlagung, ist man schon zur Erkenntnis des Himmels gelangt. Der Mensch soll deswegen das Prinzip des Guten in seinem Herzen zum Höchstmaß entwickeln und versuchen, im Guten mit dem Himmel vollkommen übereinzustimmen.

Zweitens: Die Ähnlichkeit und Entsprechung zwischen Himmel und Mensch:

Nach Dong Zhongshu ist der Mensch vom Himmel gemäß dessen eigener Gestalt erschaffen worden. Der Körper und Geist des Menschen sind die Nachbildungen des Himmels. Der Mensch hat 366 kleine und zwölf große Knochen, während der Himmel in einem Jahre 365 Tage und zwölf Monate hat. Beim Menschen: fünf innere Organe (Herz, Leber, Milz, Lunge und Nieren), beim Himmel: fünf Elemente; beim Menschen: vier Gliedmaßen, beim Himmel: vier Jahreszeiten; beim Menschen: Wachen und Einschlafen, beim Himmel: Tag und Nacht; beim Menschen: Lieben und Hassen, beim Himmel: warm und kalt; beim Menschen: lustig und ärgerlich, beim Himmel: Sommer und Winter (Shao Yong, 1011–1077 n. Chr., aus der Zeit der Nördlichen Song, ist auch dieser Meinung: In der materiellen Welt gibt es Stimme, Farbe, Geschmack und Geruch. Dementsprechend hat der Mensch Ohr, Auge, Mund und Nase. Mit diesen Organen kann er alles auf der Welt in sich aufnehmen. Alle Elemente im Kosmos sind also auch in seinem Körper vorhanden. Er kann durch Beobachtung seiner Finger den Himmel verstehen und durch Beobachtung der Striche seiner Handfläche die Erde interpretieren).

Nach Dong Zhongshu kennt der Himmel ebenso wie der Mensch Freude und Betrübnis und auch sein Inneres kann traurig oder froh sein. Der Himmel ordnet die Welt des Menschen immer gemäß seinem eigenen Willen an. Die menschlichen Handlungen können daher Strafe und Lohn des Himmels verursachen. Durch Natursegen oder Naturkatastrophen drückt der Himmel dem Volk und dem Herrscher sein Ja oder Nein aus. Aber einige Regierungsmaßnahmen des Herrschers oder religiöse Bräuche des Volks können auch den Himmel zur Änderung seiner ursprünglichen Pläne bewegen. Die drei Grundregeln und fünf Grundtugenden kommen aus dem Willen des Himmels und dürfen deswegen nie verletzt werden.

In der chinesischen Theorie der Einheit von Himmel und Mensch wird auch die Verhaltensregel des Menschen bestimmt:

Der Mensch muß mit der Gesellschaft übereinstimmen:

Das heißt: Die zwischenmenschlichen Beziehungen und die gesellschaftliche Ordnung sollen ernsthaft beachtet werden.

Der Mensch muß mit der Natur übereinstimmen:

Unter dem Begriff der Natur versteht man in China sowohl die natürliche Umwelt als auch das Naturgesetz. Deswegen bedeutet die Übereinstimmung zwischen Mensch und Natur zuerst, die Natur, die Umwelt zu schützen. Im vollständigen Widerspruch zur Auffassung der Beherrschung der Welt steht die Ansicht des I Ging, daß jedes Ding, groß oder klein, Pflanze oder Tier, sein eigenes Lebensrecht hat, das niemand verletzen darf. Das Naturgesetz zu befolgen, gehört auch zur Theorie der Einheit von Himmel und Mensch. Das Naturgesetz, das auch im Körper des Menschen herrscht, zu befolgen, gilt in China als der wichtigste Weg zur Gesunderhaltung.

Der Mensch muß mit der Ewigkeit des Kosmos übereinstimmen:

Der Mensch ist kein isoliertes Individuum, als Lebewesen kommt er aus einer Einheit heraus, als Toter geht er in der Einheit unter. Der Mensch lebt in dem Ganzen von Himmel und Erde, wie ein Fisch im See.

Der Gedanke des Einklangs von Himmel und Mensch im I Ging hat einen tiefen Einfluß auf die Theorie vom Tode im Taoismus und Konfuzianismus ausgeübt:

Taoismus:

Man soll keine Angst vor dem Tode haben. Denn der Tod bedeutet nichts anderes als unter völliger Selbstentäußerung im Tao aufzugehen. Nur so, nämlich nur wenn man mit der ganzen Natur eins ist, kann man in ein Feenreich hineingehen und Unsterblichkeit erlangen. Zhuang Zi sagt: „Himmel und Erde entstehen mit mir zugleich, und alle Dinge sind mit mir eins" (Zhuang Zi, Buch II, Qi Wu Lun, Wilhelm, S. 46). Nach dem Tode wird der Mensch zu einem Gegenstand, der sich zwar vom lebendigen Menschen unterscheidet, aber als ein Ding dem Wesen nach allen anderen Dingen auf der Welt gleicht. Alle Dinge sind dasselbe, alle Dinge sollen auch als dasselbe aufgefaßt werden. Der Tod eines Menschen bedeutet nur, daß sich seine Gestalt verändert hat, stellt aber überhaupt keinen Schrecken dar.

Konfuzianismus:

Der Mensch kann durch seinen Sohn und Enkel sein Leben von Generation zu Generation vererben und damit Unsterblichkeit erlangen. Das Leben eines jeden Menschen tritt aus seinem Vorfahr heraus und wird in seiner Nachkommenschaft weitergegeben. Dieser Vorgang gleicht einem endlosen Strom.

Der Kern der philosophischen Gedanken im I Ging

Wenn man behauptet, daß sich die westliche neuzeitliche Philosophie durch ihre Betonung der zentralen Stellung des Menschen als Subjekt in der Welt auszeichnet, läßt sich im Gegenzug sagen, daß das Kennzeichen der alten chinesischen Philosophie in der Hochachtung der Heiligkeit des Tao des Himmels und in der Hochachtung der Gehorsamkeit des Menschen vor dem Tao des Himmels besteht. Das Tao des Himmels herrscht nämlich über den ganzen Kosmos und gewährt allen Dingen in der Welt Lebenskraft und stellt das gesamte Gesetz der kosmischen Bewegungen und Veränderungen und des menschlichen Handelns dar. Daraus ergibt es sich, daß, ganz anders als in der alten westlichen Philosophie, im alten chinesischen Denken der Mensch niemals für das Maß aller Dinge oder für das Zentrum des Kosmos (im philosophischen

Sinne) gehalten worden ist und daß es in der chinesischen Philosophie keine Begriffe wie „Freiheit“ und „Selbstbestimmung“, die in der neuzeitlichen westlichen Philosophie als grundlegende gelten, gegeben hat. Die Chinesen der alten Zeit legten großes Gewicht ausschließlich auf Ordnung, Standard und Prinzip, die sich nach den Aussagen der chinesischen Philosophen dieser Zeit nicht aus der menschlichen freien Erfindung oder Vereinbarung ergeben, sondern vom objektiv existierenden unaufhaltsamen Tao des Himmels herrühren.

Die Hochachtung des Tao des Himmels im I Ging stellt die theoretische Grundlage der philosophischen Gedanken des Konfuzianismus und Taoismus dar. Im Taoismus steht das Tao, das als Ursache, Substanz und Veränderungsregel aller Dinge im Kosmos betrachtet wird, im Mittelpunkt. Der Konfuzianismus zeichnet sich zwar durch seine Hochachtung des Menschen aus, aber die von ihm hervorgehobene Haltungsweise des Menschen basiert der Lehrmeinung zufolge auf dem Tao des Himmels. In „Die Lehre von Maß und Mitte“ (wahrscheinlich von Zi Si, Enkel des Konfuzius, verfaßt, Kap. 20) heißt es: „Darum: Der Edle soll sich unbedingt moralisch und charakterlich zu vervollkommnen suchen. Wenn er sich moralisch und charakterlich vervollkommnen will, soll er unbedingt für seine Nächsten sorgen. Wenn er für seine Nächsten sorgen will, soll er unbedingt die Handlungsregel des Menschen erkennen. Wenn er die Handlungsregel des Menschen erkennen will, soll er unbedingt die Regel des Himmels erfassen.“

Konfuzianismus: Ordnung

In der menschlichen Geschichte gibt es ein häufig erörtertes Thema: Wie läßt sich eine Gesellschaft ordnen? In diesem Zusammenhang stößt man häufig auf die Meinung, daß die Lösung dieses Problems darin bestehe, durch eine auf Gleichberechtigung basierende Befragung der Glieder einer menschlichen Gesellschaft angemessene Gesetze oder Vorschriften festzusetzen. Tatsächlich aber läßt sich beweisen, daß die von Menschenhand geschaffenen Gesetze und Vorschriften ein nur äußerliches Zwangsmittel darstellen und für die Herstellung einer sicheren, tief eingewurzelten Verbindung unter den Menschen einer Gesellschaft untauglich sind. Keinesfalls dienen sie zur Vereinheitlichung der Gedanken und des Verhaltens.

Die Chinesen der alten Zeit haben dem Problem der Herrschaft durch die Tugend oder durch das Gesetz schon sehr früh Aufmerksamkeit geschenkt. Man wies darauf hin, daß Gesetze oder Vorschriften keine tiefe und solide Grundlage dafür ausmachen können, die Gesellschaft zu ordnen. Denn alles, was von Menschen selbst festgelegt worden ist, muß zugleich gerechtfertigt werden. Diese Rechtfertigung führt jedoch unvermeidlich zu einem unendlichen Meinungsstreit, von dem kein befriedigendes Ergebnis zu erwarten ist. Deshalb muß das, was als die Basis der gesellschaftlichen Ordnung gilt, angeboren sein und braucht überhaupt nicht bewiesen zu werden. Dieses Angeborene, da es nicht aus der Festsetzung oder Vereinbarung der Menschen stammt, muß daher ein objektiv Existierendes sein. Insofern es wirklich existiert und die Basis der gesellschaftlichen Ordnung ist, existiert es nicht außerhalb der Gesellschaft.

Xiao: Die Wurzel der Humanität

Das chinesische Wort „Xiao“ hat eigentlich drei Bedeutungen:
- Ehrfurcht gegenüber den Eltern,
- alle Kräfte aufbieten, um den Eltern Unterhalt zu gewähren,
- den Eltern gegenüber gehorsam sein.

Die kleinste Zelle der Gesellschaft ist die Familie, nämlich als ständiges Grundgebilde des menschlichen Zusammenlebens. Deshalb heißt es in „Die große Lehre“: „Zuerst ist die Haus- bzw. Familienordnung zu schaffen, dann die Staatsordnung und schließlich die Weltfriedensordnung“. Das zeigt: Der Zustand der Familie als Mikrogesellschaft kann direkt den Zustand der ganzen Gesellschaft widerspiegeln und auch beeinflussen. Wenn jede Familie stabil ist, ist auch der ganze Staat stabil und geschlossen. Sind dagegen alle Familien zerrüttet, kann auch im ganzen Staat keine Ordnung aufrechterhalten werden. Die chinesische Gesellschaft zeichnet sich besonders durch ihre Beachtung der Familien aus. Menzius sagt: „Der Edle kennt drei Freuden, und die Herrschaft über die Welt ist nicht darunter. Wenn Vater und Mutter beide noch leben und seine Brüder auch heil und gesund sind, das ist die erste Freude. Wenn er zu Gott emporblicken kann mit gutem Gewissen und den Menschen ins Auge sehen kann, ohne erröten zu müssen: das ist die zweite Freude. Wenn er die bestbegabten Jünglinge auf Erden zum Unterricht und zur Belehrung anvertraut bekommt: das ist die dritte Freude“ (Menzius, Jin Xin, Teil 1, Wilhelm, S. 188). In der chinesischen Sprache besteht das Wort „Staat“ immer aus zwei Schriftzeichen, nämlich „Staat“ und „Familie“. Ein Staat setzt sich aus zahllosen Familien zusammen, die Familien machen deswegen die Basis eines Staates aus. Früher wurde in China diese Lieblingsphrase immer wiederholt: „Im Staat gibt es Staatsverwaltungsvorschriften, in der Familie gibt es Familiendisziplin.“ Die Familiendisziplin war zwar nicht schriftlich formuliert, sie mußte aber streng aufrechterhalten werden. Man sieht also, daß in der traditionellen chinesischen Gesellschaft den Familien große Beachtung geschenkt worden ist[1].

Die Familie besteht aus der vertikalen Beziehung zwischen Eltern und Kindern und der querlaufenden Beziehung zwischen Mann und Frau. Die querlaufende Liebesbeziehung des Ehepaares ist zufällig entstanden, während die vertikale Blutsverwandtschaftsbeziehung zwischen Eltern und Kindern angeboren und determiniert ist. Deshalb gilt dieses ursprünglich vorherbestimmte Oben-Unten-Verhältnis zwischen Eltern und Kindern als das grundlegendste und stabilste in der Familie und auch in der ganzen Gesellschaft.

Die Beziehung zwischen Eltern und Kindern begreift in sich nicht nur eine zeitliche Reihenfolge (die Eltern sind zuerst da, die Kinder kommen nachher), sondern auch natürliche Gefühle, nämlich zuerst die Liebe der Eltern zu den Kindern, dann die Ehrfurcht der Kinder gegenüber den Eltern. Nach den Chinesen der alten Zeit ist zwar die Liebe zwischen Eltern und Kindern angeboren und unausbleiblich, aber diese ursprünglichen Gefühle sollen noch kultiviert und vertieft werden, so daß sich die Liebe auf die Ebene der Moralität hebt, die den Ausgangspunkt anderer moralischer Handlungen und den letzten Grund zu einer harmonischen Beziehung zwischen den Menschen und zu einer stabilen gesellschaftlichen Ordnung ausmacht. Daher sagt Zeng Zi (505–436 v. Chr.; Schüler von Konfuzius) in seinem „Klassikerwerk von Xiao“: „Wer seine Eltern liebt, wagt nicht, den anderen Menschen böse Taten anzutun. Wer seine Eltern respektiert, wagt nicht, die anderen Menschen kühl zu behandeln“ (Zeng Zi: Klassikerwerk von Xiao, Kap. Tain Zi, Abschn. 2).

Der Konfuzianismus legt großen Wert auf die Moralität der Liebe der Eltern zu den Kindern und der Ehrfurcht der Kinder gegenüber den Eltern. Die Ehrfurcht der Kinder gegenüber den Eltern und die Achtung der jüngeren Brüder gegenüber den älteren Brüdern (und auch die allgemeine Achtung von Jung gegenüber Alt) wird aber als die grundlegendste Tugend betrachtet. You Zi (518 v. Chr.–?; Schüler des Konfuzius) sagt: „Der Edle bemüht sich um das Wesentliche. Ist das Wesentliche gefestigt, so erwächst daraus der rechte Weg. Ehrfurcht gegenüber den Eltern und Achtung gegenüber den älteren Brüdern – das sind die Wurzeln der Humanität“ (Gespräche des Konfuzius, Kap. I, 2). Von Menzius ist überliefert: „Die Art von

Yao und Shun [Urkaiser] ist nichts weiter als Ehrfurcht gegenüber den Eltern und Achtung gegenüber den älteren Brüdern" (Menzius, Gao Zi, Teil 2; Wilhelm, S. 172); „Die Vollkommenheit der Humanität, das ist, den Eltern zu dienen; die Vollkommenheit der Gerechtigkeit, das ist, den Brüdern zu folgen" (ebd., Li Lou, Teil 1; Wilhelm, S. 123). Unter den beiden nimmt gegenüber der Achtung vor den älteren Brüdern (auf chinesisch: Ti) die Ehrfurcht vor den Eltern dem Konfuzianismus zufolge eine bedeutende Vorrangstellung ein. Denn in der Ehrfurcht vor den Eltern ist die Achtung vor den älteren Brüdern als Andeutung enthalten – wer vor seinen Eltern Ehrfurcht hat, achtet auch seine älteren Brüder. Der Konfuzianismus betont: Ehrfurcht gegenüber den Eltern ist das Wesentliche der Humanität, „der Grund der Moralität" (Zeng Zi: Klassikerwerk von Xiao, Kap. Kai Zong Ming Yi, Abschn. 1), „die Regel des Himmels, das Gesetz der Erde und das Verhalten des Volkes" (ebd., Kap. San Cai, Abschn. 7).

Ehrfurcht gegenüber den Eltern zählt gewiß zu den eigenartigsten und wertvollsten Gedanken in der chinesischen Kultur, ja ist sogar die Quintessenz der chinesischen geistigen Zivilisation. Es ist den Chinesen nicht vertraut, den Begriff der Liebe im allgemeinen Sinn zu verwenden. Vielmehr werden die einzelnen Bedeutungen von Liebe konkret aufgeteilt, wodurch jede Art von Liebe ein entsprechendes einzelnes Wort zugeteilt bekommt. Die Liebe der Eltern zu den Kindern heißt z. B. auf chinesisch „Ci", die Ehrfurcht der Kinder gegenüber den Eltern heißt „Xiao". Xiao ist nach den Chinesen eine Art von Vergeltungsliebe, ein tiefes aufrichtiges Gefühl.

Warum nun nimmt Ehrfurcht gegenüber den Eltern eine so bedeutende Stellung in der traditionellen chinesischen Philosophie ein? Warum wird diese Ehrfurcht an die erste Stelle vor den anderen Tugenden (nämlich: Achtung gegenüber den älteren Brüdern, Loyalität, Zuverlässigkeit, Höflichkeit, Gerechtigkeit, Ehrgefühl und Schamgefühl) gestellt? Warum gilt nach dem Konfuzianismus Ehrfurcht vor den Eltern als der Grundstein allen moralischen Verhaltens?

Es wird immer wieder gesagt, daß Konfuzius großen Wert auf „Humanität" legt, während Menzius „Gerechtigkeit" betont. Der Begriff der Humanität gehört zu den Kerngedanken der konfuzianischen Philosophie. Was bedeutet aber „Humanität" überhaupt? Menzius: „Humanität ist Menschenart" (Menzius, Jin Xin, Teil 1; Wilhelm, S. 200); „Wer die Tugend der Humanität besitzt, der liebt die Menschen" (ebd., Li Lou, Teil 2; Wilhelm, S. 130). Das chinesische Schriftzeichen von „Humanität" (Ren) besteht aus zwei anderen Zeichen – „Mensch" und „Zwei". Das bedeutet: Mit der „Humanität" ist die Liebesbeziehung zwischen den Menschen gemeint. Ohne dieses Verhältnis zwischen den Menschen ist die Humanität nicht zu verwirklichen[2].

Die ursprünglichste und vertrauteste Beziehung eines Menschen ist die zwischen ihm und seinen Eltern. Ein einzelner Mensch kann ohne Frau, Kinder oder enge Freunde sein, in jedem Fall aber hat er Eltern und existiert nicht ohne dieses grundlegendste Beziehungsverhältnis zwischen Menschen. Die Liebe zu den Eltern heißt „Xiao" [Ehrfurcht gegenüber den Eltern], daher ist ganz klar, daß sich für jeden Menschen die Humanität oder Menschlichkeit zuerst durch die Liebe zu den Eltern verwirklicht. Dazu Menzius: „Jedes Kind, das man auf den Arm nimmt, weiß seine Eltern zu lieben, und wenn es ein wenig größer ist, so weiß es seinen älteren Bruder zu achten. Seine Eltern zu lieben, ist die Humanität. Die Älteren zu achten, ist die Gerechtigkeit. Es handelt sich um nichts anderes, als diese Gefühle auszudehnen auf die ganze Welt" (Menzius, Jin Xin, Teil 1; Wilhelm, S. 187). „Es ist noch nie vorgekommen, daß ein liebevoller Sohn seine Eltern im Stich läßt" (ebd., Liang Hui Wang, Teil 1; Wilhelm, S. 42). Zeng Zi sagt sogar: „Wenn einer seine Eltern nicht verehrt, jedoch die anderen Leute liebt, nennt man das Anti-Moral. Wenn einer seine Eltern nicht hochachtet, jedoch die anderen Menschen respektiert, nennt man das Anti-Höflichkeit" (Zeng Zi: Klassikerwerk von Xiao, Kap. Sheng Zhi, Abschn. 9). Da sich Ehrfurcht gegenüber den Eltern vor den anderen Arten der Liebe abspielt, existiert in China eine Lieblingsphrase, die lautet: „Die Liebe zu den Eltern liegt vor allen guten Taten." Hier kommt der Vorrang der Ehrfurcht gegenüber den Eltern vor der Liebe zu Brüdern, Menschen insgesamt, Gesellschaft und Natur gut zum

Ausdruck. Wie kann einer, der seine Eltern nicht verehrt, Menschen lieben, mit denen er weder verwandt oder bekannt ist? In China drückt man das so aus: „Nur in der Familie voll von Ehrfurcht gegenüber den Eltern und Achtung gegenüber den älteren Brüdern ist ein dem Kaiser treu ergebener Beamter zu finden"; „Wer seine Eltern nicht liebt, der kann keinen Nutzen daraus ziehen, Gott anzubeten". Zusammengefaßt: Ohne Elternliebe keine Menschenliebe! Die Ehrfurcht vor den Eltern macht die Wurzel der Humanität aus. Oder wie Zeng Zi meint: „Was dem Volk die Liebe lehren kann, ist nichts besser als Ehrfurcht gegenüber den Eltern. Was dem Volk die Höflichkeit lehren kann, ist nichts besser als Achtung gegenüber den älteren Brüdern. Was Sitten und Gebräuche ändern kann, ist nichts besser als die Musik. Was die Persönlichkeiten aus der Oberschicht beruhigen und das Volk regieren kann, ist nichts besser als die Sitten" (ebd., Kap. Guang Yao Dao, Abschn. 12).

In der chinesischen Philosophie wird Ehrfurcht gegenüber den Eltern deshalb besonders hervorgehoben, weil die Chinesen meinen, daß „die Güte der Eltern so groß wie Himmel und Erde ist" (Wang Fuzhi, 1619–1692 n. Chr.; in seinen „Esoterischen Erklärungen zum Buch der Wandlungen", Bd. 6). In China werden die Eltern für Himmel und Erde gehalten, denn sie sind beide die Quelle des Lebens. Die große Güte der Eltern gleicht der großen Gunst von Himmel und Erde. Darum sagt Wang Fuzhi: „Der Sittliche und der gute Sohn dient seinen Eltern, damit er auch dem Himmel dient" (Ebd.). Der Mensch soll also seine Eltern, die ihn zur Welt gebracht und aufgezogen haben, so verehren, wie er Himmel und Erde verehrt. Diese Ehrerbietung hat weit mehr als bloß den Charakter einer Verpflichtung, sie soll ein tief eingewurzeltes Bedürfnis sein. Da Ehrfurcht gegenüber den Eltern auf dem Tao des Himmels beruht, muß sie auch als die Grundlage der Familien- und Staatsordnung gelten. Achten die Mitglieder einer Familie ihre Eltern nicht, hat sich die Familie bereits aufgelöst; ist in einem ganzen Staat keine Elternliebe mehr zu finden, dann gibt es ihn nur noch dem Namen nach.

Über die Bedeutungen des Begriffs „Ehrfurcht gegenüber den Eltern" existieren im Konfuzianismus genaue Erklärungen:

Erstens: Man soll seine Eltern verehren und sich ihnen nicht widersetzen.

Zeng Zi sagt: „Was Ehrfurcht gegenüber den Eltern betrifft, so gibt es nichts Wichtigeres als den Vater zu verehren" (Klassikerwerk von Xiao, Kap. Sheng Zhi, Abschn. 9). Konfuzius meint: Ehrfurcht gegenüber den Eltern bedeutet, sich vor Verstößen zu hüten: „Zu Lebzeiten der Eltern soll man ihnen so dienen, wie es sich ziemt. Wenn sie gestorben sind, soll man sie nach den Riten bestatten und ihnen entsprechend Opfer darbringen" (Gespräche des Konfuzius, Kap. II, 5). „Was man heute im allgemeinen unter der Ehrfurcht gegenüber den Eltern versteht, ist, die Eltern zu ernähren. Doch die Menschen füttern auch ihre Hunde und Pferde. Wenn man gegenüber den Eltern keine Ehrfurcht hat – welcher Unterschied besteht dann zwischen der Sorge um den Unterhalt der Eltern und der Aufzucht von Hunden und Pferden?" (ebd., Kap. II, 7). Solche Ehrfurcht gegenüber den Eltern muß aus ganzem und tiefstem Herzen kommen; deshalb sagt Konfuzius: Es ist nicht einfach, mit den Eltern immer mit liebenswürdiger und freundlicher Miene umzugehen. Die echte Ehrfurcht gegenüber den Eltern bedeutet nicht nur: „Wenn Arbeit da ist und die Jüngeren ihre Mühen auf sich nehmen; wenn Wein und Speisen da sind, den Älteren vorsetzen" (ebd., Kap. II, 8), sondern die Liebe zu den Eltern von ganzem Herzen. Mit einem Wort: Ehrfurcht gegenüber den Eltern besteht darin, eine intensive Liebe für die Eltern zu hegen und sich vor Verstößen zu hüten und „mit allen Kräften den Eltern zu dienen" (ebd., Kap. I, 7). Nach Menzius' Meinung muß sich ein Mensch, ganz gleich wie reich er ist oder über welche Macht er verfügt, hilflos, heimatlos und ohne Ruhestätte des Herzens fühlen, wenn er seinen Eltern gegenüber pietätlos und ungehorsam ist: „Daß die Männer auf der ganzen Welt an einem Gefallen finden, ist etwas, das sich jeder wünscht, und doch vermochte das nicht seinen Kummer zu stillen. Frauenschönheit ist etwas, das sich jeder wünscht. Er hatte die beiden Töchter des Kaisers zur Ehe. Und auch das vermochte nicht seinen Kummer zu stillen. Reichtum ist etwas, das sich jeder wünscht. Er war reich, die ganze Welt gehörte ja ihm. Und auch das vermochte nicht seinen Kummer zu stillen. Ehre ist etwas, das sich jeder wünscht. Ihm wurde die Ehre zuteil, Herrscher der Welt zu sein. Und auch das vermochte nicht seinen Kummer zu stillen. Die Zuneigung der Menschen, Schönheit, Reichtum und Ehre: nichts vermochte seinen Kummer zu stillen. Nur daß er in Ordnung kam mit seinen Eltern: das vermochte seinen Kummer zu stillen. In der Kindheit hängt der Mensch an seinen Eltern. Erwacht in ihm die Frauenliebe, so hängt er an seiner jungen Schönen. Hat er Weib und Kind, so hängt er an Weib und Kind. Kommt er ins Amt, so hängt er an seinem Fürsten, und verliert er das Vertrauen des Fürsten, so brennt es ihn in seinem Innern. Höchste Kindlichkeit hängt lebenslang an den Eltern. Mit fünfzig Jahren noch ganz an seinen Eltern zu hängen – das ist es, was ich an Shun, dem Großen, geschaut habe" (Menzius, Wan Zhang, Teil 1; Wilhelm, S. 136–137).

Allerdings ist dem Konfuzianismus zufolge in der Liebe zu den Eltern und der strengen Gehorsamkeit keinesfalls blindes Vertrauen zu sehen. Konfuzius sagt zwar: „Zu Lebzeiten des Vaters schaue auf seinen Willen. Nach dem Tode des Vaters orientiere dich an seinen Taten. Wenn du drei Jahre lang nicht vom Weg des Vaters abweichst, kann man sagen, daß du dich ehrfürchtig und pietätvoll verhältst" (Gespräche des Konfuzius, Kap. I, 11); jedoch betont er zugleich: Wenn die Eltern Fehler machen, soll man ihnen bedachtsam und gutmütig ins Gewissen reden: „Dienst du deinen Eltern, dann kannst du ihnen auch in gebotener Zurückhaltung widersprechen. Siehst du aber, daß sie nicht gewillt sind, deinem Rat zu folgen, dann sei weiterhin ehrerbietig und widersetze dich nicht. Nimm auf dich willig selbst die ärgste Arbeit und murre nicht" (ebd., Kap. IV, 18). Zeng Zi sagt es noch deutlicher: „Wenn der Vater Fehler hat und der Sohn ihm offenherzig seine Fehler vorhält, dann ist der Sohn nicht in Ungerechtigkeit geraten. Deshalb soll es so sein: Wenn [beim Vater] Ungerechtigkeit geschehen ist, dann muß der Sohn seinem Vater offenherzig die Fehler vorhalten, und auch der Beamte seinem Monarch. Wenn Ungerechtigkeit geschehen ist, dann muß man diese ihm offenherzig vorhalten. Wenn man dagegen bei den Fehlern seines Vaters auch seinem Befehl gehorcht, wie kann dann dies als Ehrfurcht gegenüber den Eltern betrachtet werden?“[3] (Klassikerwerk von Xiao, Kap. Jian Zheng, Abschn. 15).

Zweitens: Man soll auf seine Gesundheit achten.

Denn „die Eltern grämen sich, wenn ihre Kinder krank sind“ (Gespräche des Konfuzius, Kap. II, 6). Deshalb muß man sein Bestes tun, um den Eltern keinen Kummer zu machen. Zeng Zi sagt auch: „Unser Körper, Haar und Haut, das ist das, was uns unsere Eltern gewährt haben, sie dürfen deshalb nie verletzt werden – das ist der Anfang der Ehrfurcht gegenüber den Eltern. Wir bauen uns eine Existenz auf, setzen die Prinzipien durch und genießen in den künftigen Zeiten einen großen Ruf, um unseren Eltern Ehre zu machen – das ist die Vollendung der Ehrfurcht gegenüber den Eltern“ (Klassikerwerk von Xiao, Kap. Kai Zong Ming Yi, Abschn. 1).

Die Ausdehnung der Xiao auf die anderen zwischenmenschlichen Beziehungen

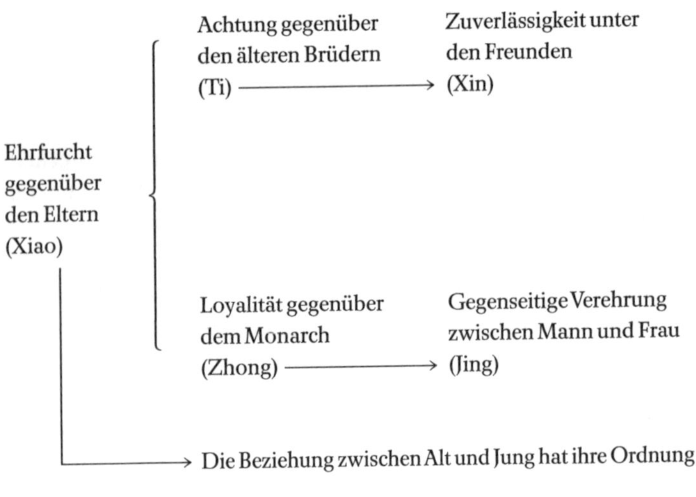

Xiao bedeutet, diese Wiederholung sei erlaubt, die Ehrfurcht der Kinder gegenüber den Eltern, Ti bedeutet die Achtung der jüngeren Brüder gegenüber den älteren Brüdern (Das chinesische Wort „Ti" hat eine andere Bedeutung: den älteren Brüdern gehorsam sein). Diese Achtung gegenüber den älteren Brüdern ist letztlich nichts anders als eine Ausdehnung der Ehrfurcht gegenüber den Eltern in der Familie. Das Wesentliche der Achtung vor den älteren Brüdern besteht darin, daß die Beziehung zwischen Alt und Jung ihre Ordnung hat (Menzius, Teng Wen Gong, Teil 1; Wilhelm, S. 97). Achtung gegenüber den älteren Brüdern ist nicht nur eine Verhaltensregel, an die sich die jüngeren Brüder in der Familie streng halten, sondern muß auch im Verkehr mit anderen Menschen außerhalb der Familie eingehalten werden. Wir sollen also allen anderen Menschen so ehrerbietig begegnen wie unseren eigenen älteren Brüdern. Konfuzius sagt dazu: „Ein junger Mensch soll in der Familie ehrfürchtig und gehorsam gegenüber seinen Eltern sein. Außer Haus begegne er den Menschen so, wie sich ein jüngerer Bruder gegenüber seinem älteren Bruder verhält, mit Achtung und Zuverlässigkeit; er sei durchdrungen von Liebe zu allen und eng mit der Humanität verbunden" (Gespräche des Konfuzius, Kap. I, 6). Zi Xia (507 v. Chr.–?; Schüler des Konfuzius) sagt auch: „Wenn der Edle gewissenhaft seine Pflicht tut, ohne zu fehlen, und anderen Menschen stets mit Achtung und Höflichkeit begegnet, wie es den bewährten Regeln des Zusammenlebens entspricht, dann sind innerhalb der vier Meere alle Menschen seine Brüder. Wie kann er da betrübt sein, daß er keine Brüder hat?" (vgl. ebd., Kap. XII, 5). Wie läßt sich außer Haus die Tugend der Achtung vor den älteren Brüdern (und älteren Menschen) konkret verwirklichen? Menzius führt ein Beispiel an: „Wenn einer sachte hinter dem Älteren hergeht, so nennt man das Achtung gegenüber dem Älteren. Wenn einer aber voreilig den Älteren überholt, so nennt man das keine Achtung gegenüber dem Älteren" (Menzius, Gao Zi, Teil 2; Wilhelm, S. 172).

Wer Freunde als eigene Brüder betrachtet und ihnen entsprechend begegnet, kann sicher sein, daß er von seinen Freunden als zuverlässig eingestuft wird. Zeng Zi sagt: „Ich prüfe täglich dreifach mein Selbst: War ich anderen gegenüber treu und ehrlich? War ich zuverlässig im Umgang mit Freunden? Habe ich geübt, was der Meister lehrte?" (Gespräche des Konfuzius, Kap. I, 4). Zuverlässigkeit ist einer der ethischen Gedanken, die der Konfuzianismus hervorhebt. Konfuzius drückt es so aus: „Ich kann nicht verstehen, wie ein Mensch ohne Zuverlässigkeit sein kann. Das ist, als wäre ein großer Wagen ohne Joch, ein kleiner Wagen ohne Deichsel. Wie können sich solche Wagen überhaupt fortbewegen?" (ebd., Kap. II, 22). You Zi lieferte eine Definition für die Zuverlässigkeit: „Unter der Zuverlässigkeit kann man etwas ähnliches wie die Gerechtigkeit verstehen. Wer zuverlässig ist, der hält immer, was er verspricht" (vgl. ebd., Kap. I, 13). Zi Xia sagt: „Der Edle muß zunächst zuverlässig sein, dann kann er von dem Volk die Erfüllung von Aufgaben verlangen. Wenn ihn das Volk nicht zuverlässig findet, dann wird es das Gefühl haben, unterdrückt zu werden. Der Edle muß zuerst zuverlässig sein, dann kann er auch tadeln. Andernfalls wird der Tadel als beleidigend empfunden" (ebd., Kap. XIX,10). Und Konfuzius: „Wer zuverlässig ist, den kann man mit großem Auftrag betrauen" (ebd., Kap. XVII, 6).

Nach dem Konfuzianismus soll man also seine Freunde als seine älteren oder jüngeren Brüder betrachten. Aber das genügt noch nicht! Weiterhin soll man allen zur gleichen Generation gehörenden Menschen so begegnen wie seinen eigenen Freunden, nämlich mit Humanität, Gerechtigkeit und Höflichkeit. Die praktische Methode lautet: „Was man mir nicht antun soll, will ich auch anderen Menschen nicht zufügen" (ebd., Kap. XII, 2). Humanität und Höflichkeit zu praktizieren ist normalerweise nicht allzu schwer. Gerechtigkeit dagegen zu praktizieren ist bereits etwas komplizierter, besonders wenn die Gerechtigkeit dem Nutzen oder Vorteil (auf chinesisch: Li) widerspricht. In der chinesischen Philosophiegeschichte gibt es schon länger einen Gerechtigkeits- und Vorteilsstreit. Zhu Xi meint, die Unterscheidung zwischen Gerechtigkeit und Vorteil sei „das erste Prinzip des Konfuzianismus" (vgl. Yan Beiming 1984, S. 42). Cheng Yi aus der Song-Zeit sagt: „Meistens ist es so: Geht man von Gerechtigkeit aus, kommt man beim Vorteil an; geht man von Vorteil aus, kommt man bei der Gerechtigkeit an" (vgl. Professoren aus Shanghai 1980, S. 142). „Wem es um Reichtum zu tun ist, der kann nicht gütig sein. Wem es um Güte zu tun ist, der wird nicht reich" (in: Menzius, Teng Wen Gong, Teil 1; Wilhelm, S. 92). Dem Konfuzianismus nach steht also Gerechtigkeit im Gegensatz zum Vorteil; deshalb sagt Konfuzius: „Der Edle versteht die Gerechtigkeit. Der Gemeine sieht nur den eigenen Vorteil" (Gespräche des Konfuzius, Kap. IV, 16). Dong Zhongshu aus der Westlichen Han-Zeit vertritt die Auffassung: „Man soll seine Gerechtigkeit hervorheben und nicht seinen Vorteil suchen; man soll seine Prinzipien klären und nicht seinen Erfolg berechnen" (vgl. Yan Beiming 1984, S. 44); „darum: Wenn sich ein Mensch gerecht verhalten kann, dann kann er auch daran seine Freude finden, selbst wenn er in Armut lebt. Wenn ein Mensch überhaupt keine Gerechtigkeit kennt, dann kann er sich selbst nicht erhalten, selbst wenn er sehr reich ist" (ebd., S. 42); „Der Sittliche ist so: Er hebt seine Prinzipien hervor und aber sucht keinen eigenen Vorteil; er vervollkommnet seinen Geist und jagt nicht nach schnellen Erfolgen" (ebd.). Menzius thematisiert nur Humanität und Gerechtigkeit und stellt sie grundsätzlich der Rede vom Vorteil entgegen, er meint sogar: „Ich liebe das Leben und ich liebe auch die Gerechtigkeit. Wenn ich nicht beides vereinigen kann, so opfere ich mein Leben, um Gerechtigkeit zu erhalten!" (Menzius, Gao Zi, Teil 1; Wilhelm, S. 166).

Zum Gerechtigkeits- und Vorteilsstreit

Es gibt aber auch Konfuzianer wie Xun Zi, die nicht wie Konfuzius und Menzius die Gerechtigkeit und den Vorteil gegeneinander stellen, sondern behaupten, gemäß dem Prinzip der Gerechtigkeit das Streben nach Vorteil kontrollieren zu müssen. Xun Zi meint: Es ist unmöglich, daß ein Mensch täglich nur die Gerechtigkeit und nie das Geld bedenkt. Aber man soll zuerst an die Gerechtigkeit und erst dann an das Geld denken, Gerechtigkeit hat also den Vorrang vor dem Vorteil; „wer zuerst Gerechtigkeit und erst dann Vorteil bedenkt, der ist ruhmreich. Wer dagegen zuerst Vorteil und dann Gerechtigkeit bedenkt, der ist schandbar“ (Yan Beiming 1984, S. 42). „Wenn die Gerechtigkeit den Vorteil besiegt, dann ist die Welt in Ordnung. Wenn der Vorteil die Gerechtigkeit überwindet, dann ist die Welt unruhig“ (ebd., S. 44).

Der Mohismus hebt sowohl Vorteil als auch Gerechtigkeit hervor und tritt für die Einheit von beiden ein. Mit Vorteil ist aber im Mohismus nicht persönlicher Vorteil gemeint, sondern das Interesse des Volks. Gerechtigkeit ist all das, was dem Interesse des Volkes entspricht. „Der Vorteil ist die Gerechtigkeit“ (ebd., S. 43). „Gerechtigkeit bedeutet Richtigkeit. Wie kommt diese Beurteilung auf? Wenn der Vorteil vorhanden ist, dann ist die Welt in Ordnung. Wenn keine Gerechtigkeit vorhanden ist, dann gerät die Welt in Verwirrung. Darum weiß ich, daß Gerechtigkeit Richtigkeit bedeutet“ (ebd., S. 42).

Li Gou (1009–1059) aus der Zeit der Nördlichen Song drückt seinen utilitaristischen Gedanken so aus: „Der Mensch ist zum Streben nach Vorteil verurteilt“ (ebd., S. 329). „Was als das Wichtigste bei der Unterhaltung des Volks gilt, ist, ihm das Essen zu gewähren“ (ebd.); „Wie kann es möglich sein, daß die Humanität und Gerechtigkeit [dem Menschen] keinen Vorteil bereiten kann?“ (ebd., S. 42).

Von Ye Shi (1150–1223) aus der Zeit der Südlichen Song ist die Auffassung überliefert, daß sich Gerechtigkeit vom Vorteil nicht trennen läßt: „Wenn durch die Ethik kein Nutzen gebracht werden kann, dann ist sie unbrauchbarer Unsinn“ (ebd.). Er befürwortet, den Handel zu fördern, die Industrie zu verbessern, mit der staatlichen Macht die Händler zu unterstützen und Geld in Umlauf zu bringen.

Yan Yuan (1635–1704) aus der Qing-Zeit betont die Gleichgewichtigkeit von Gerechtigkeit und Vorteil: „Von jemandem zu fordern, nie nach Gewinn zu streben und nie den Erfolg zu berechnen, das ist Unsinn, das ist die Tat des pedantischen Konfuzianers" (ebd.). Nach Yan Yuan kann man sich nicht gegen den Vorteil stellen, der auf gerechtfertigte Weise gezogen ist. Er stellt kühn die These auf: „Man soll seine Gerechtigkeit hervorheben, um seinen Vorteil zu suchen; man soll seine Prinzipien klären und zugleich seinen Erfolg berechnen" (ebd., S. 44).

Der Legalist Han Fei aus der Endzeit der Streitenden Reiche legt großes Gewicht auf Vorteil und Erfolg. Er bestimmt das Aufsuchen des Vorteils und Vermeiden des Nachteils als beständigen Trieb des Menschen. Daher behauptet er, daß jede zwischenmenschliche Beziehung zunächst auf den gemeinsamen Interessen beruhen muß. Die Tat, die der Gerechtigkeit entspricht, tritt nur dort auf, wo es den Vorteil gibt. „Wenn ein Beamter weiß, daß er auf gerechtfertigte Weise Vorteil haben kann, dann will er sicher sein Bestes tun, seinem Monarch zu dienen"; darum: „Ein Monarch, der sich darauf gut versteht, wie er sich als Monarch verhalten soll, gibt immer Prämien und Vorteile bekannt, um das Volk anzuspornen. Er veranlaßt das Volk zur Erfüllung von Aufgaben durch Bewertung der Verdienste und Verleihung von Auszeichnungen, aber nie durch Belehrung über Humanität und Gerechtigkeit" (ebd.).

Von Xiao über Zhong bis zur Jing

Xiao, haben wir festgestellt, ist die Ehrfurcht der Kinder gegenüber den Eltern in der Familie. Zhong (Loyalität) nun ist die Ehrfurcht des Volkes oder der Beamten gegenüber dem Monarch, der in der wie eine große Familie aufgefaßten Gesellschaft der höchste Hausherr ist. Diese Loyalität dem Monarch gegenüber ist letztlich nichts anders als eine Ausdehnung der Ehrfurcht vor den Eltern auf die ganze Gesellschaft. Daher sagt Zeng Zi: „Ehrfurcht gegenüber den Eltern beginnt mit dem Dienst an den Eltern, dauert mit dem Dienst an dem Monarch an, und endet mit der Persönlichkeitsaufrichtung“ (Klassikerwerk von Xiao, Kap. Kai Zong Ming Yi, Abschn. 1). Menzius ist der Auffassung: „daß die Jugend Zeit hat zur Pflege der Tugenden der Ehrfurcht, Brüderlichkeit, Loyalität und Zuverlässigkeit, daß sie zu Hause ihren Eltern und Brüdern und im öffentlichen Leben ihren Fürsten und Oberen dienen“ (Menzius, Liang, Hui Wang, Teil 1; Wilhelm, S. 46). Jing Zi (ein Minister des Staates Qi, aus der Zeit von Menzius) sagt: „Im Hause Vater und Sohn, im Staate Monarch und Beamte: das sind die heiligsten Beziehungen der Menschen. Zwischen Vater und Sohn herrscht die Liebe, zwischen Monarch und Beamten herrscht die Achtung“ (ebd., Gongsun Chou, Teil 2; Wilhelm, S. 78). Das Wesen der Loyalität besteht in intensivem Einsatz für die Menschen, denn „wenn einer wünscht, sich selbst zu festigen, soll er auch anderen Menschen helfen, sich zu festigen; und was er selbst zu erreichen sucht, das soll er anderen Menschen auch zu erreichen helfen“ (Gespräche des Konfuzius, Kap. VI, 28). Falls Xiao Zhong widerspricht, dann ist nach den chinesischen traditionellen Ideen Xiao zu opfern und Zhong zu erhalten, denn Zhong ist Ausdruck der Vaterlandsliebe. Hier ist erwähnenswert, daß bei Konfuzius und Menzius die Beziehung zwischen Vater und Sohn vor der zwischen Monarch und Beamten liegt. Seit Dong Zhongshus Aufstellung der drei Grundregeln ist aber die Monarch-Beamte-Beziehung immer an die erste Stelle gesetzt worden.

Schließlich: Wird die Tugend der Ehrfurcht vor den Eltern, die im wesentlichen in Ehrerbietung und tiefer Liebe besteht, auf die Beziehung zwischen Mann und Frau ausgedehnt, dann ergibt sich das Gefühl gegenseitiger Verehrung zwischen den Eheleuten.

Nach dem Konfuzianismus haben Frauen neben den allgemeinen moralischen Forderungen wie bei Männern noch drei weibliche Gehorsamspflichten (nämlich: gegenüber dem Vater vor der Ehe, gegenüber dem Mann in der Ehe und gegenüber dem Sohn nach dem Tode des Mannes) zu erfüllen und vier weibliche Tugenden (nämlich: Sittsamkeit, geziemende Sprache, richtiges Betragen und Fleiß) zu beachten.

Cheng Yi meint, die Wiederverheiratung von Witwen sei eine große ethische Verfehlung. Er vertritt die absurde These: „An Hunger zu sterben, das ist sehr gering zu achten; aber die Tugend zu verlieren, das ist sehr schwerwiegend" (vgl. Yan Beiming 1984, S. 639). Mit der Tugend hier ist die Keuschheit gemeint, nämlich die vom konfuzianischen Moralgesetz geforderte Enthaltsamkeit einer Frau vor der Ehe ebenso wie nach dem Tode des Mannes oder Verlobten. Das ist eine bedenkliche Seite in den Gedanken des Konfuzianismus.

Die Ausdehnung der Xiao und fünf zwischenmenschliche Beziehungen[4]

Erweis von Wohltaten, Werke der Liebe sollen ihren Anfang in der Familie und der nahen Verwandtschaft haben: Ehrfurcht gegenüber den Eltern und Achtung vor den älteren Brüdern.

Zugleich betont der Konfuzianismus aber auch, daß man diese zunächst in der Familie zu praktizierende Ehrfurcht gegenüber den Eltern und Achtung gegenüber den älteren Brüdern auch in der Gesellschaft weiterwirken lassen soll. Konkret gesagt, soll man allen alten Menschen so begegnen wie seinen eigenen Eltern und alle Freunde so behandeln wie seine eigenen älteren Brüder. Zeng Zi sagt: „Wem Ehrfurcht gegenüber den Eltern gelehrt wird, der kann mit allen Menschen auf der Welt so ehrfürchtig umgehen wie mit seinem Vater. Wem Achtung gegenüber den älteren Brüdern gelehrt wird, der kann mit allen Menschen auf der Welt so ehrerbietig umgehen wie mit seinem älteren Bruder. Wem Loyalität der Beamten gelehrt wird, der kann mit allen Menschen auf der Welt so loyal umgehen wie mit seinem Monarch" (Klassikerwerk von Xiao, Kap. Guang Zhi De, Abschn. 13). Die Liebe zu den Eltern soll also in die Liebe zur ganzen Gesellschaft transformiert werden. Dieses „Güte-Weiterwirken-Lassen" macht die Quintessenz der konfuzianischen Philosophie der Humanität aus. Deswegen sagt Menzius: „Güte weiterwirken zu lassen, reicht dann aus, die vier Meere [nämlich die ganze Welt] zu schützen. Dagegen Güte nicht weiterwirken zu lassen, vermag nicht einmal Weib und Kind zu schützen. Warum die Menschen der alten Zeit den anderen Menschen so sehr überlegen sind, ist einzig und allein die Art, wie sie es verstanden, ihre Taten weiterwirken zu lassen" (Menzius, Liang Hui Wang, Teil 1; Wilhelm, S. 49–50); „Behandle ich meine älteren Verwandten wie es dem Alter gebührt, und lasse das auch den Alten der anderen zugute kommen; behandle ich meine jüngeren Verwandten wie es der Jugend gebührt, und lasse das auch den Jungen der anderen zugute kommen; so kann ich die Welt auf meiner Hand sich drehen lassen" (ebd., S. 49). „Man soll seinen Eltern anhänglich sein und die Menschen lieben. Wenn man die Menschen liebt, dann soll man auch zu anderen Dingen freundlich sein" (ebd., Jin Xin, Teil 1; Wilhelm, S. 196). „Die höchste Ehrfurcht kennt nichts Größeres, als die Eltern zu Ansehen zu bringen. Das höchste Ansehen, das man seinen Eltern verschaffen kann, ist, die ganze Welt zur Pflege zur Verfügung zu halten" (ebd., Wang Zhang, Teil 1; Wilhelm, S. 140). Menzius führt ein Beispiel an und zeigt auf, daß es in der alten Zeit schon solche Edle gegeben hat, die sich in die Lage eines anderen einfühlen und die Güte gegen die Nächsten auf andere Menschen ausdehnen konnten: „Yu [der erste Monarch der Xia-Dynastie, 21. Jh. v. Chr.] und Ji [Ackerbauminister unter den Urkaisern Yao und Shun] und Yan Hui [521–490 v. Chr.; Schüler des Konfuzius] stimmten in den Grundsätzen überein. Wenn irgendwo auf Erden Menschen in Wassernot waren, so war es Yu, als sei er selbst in Wassernot. Wenn irgendwo auf Erden Menschen in Hungersnot waren, so war es Ji, als sei er selbst in Hungersnot. Darum waren sie so eifrig. Wenn Yu und Ji und Yan Hui ihre Stellen vertauscht hätten, hätte jeder ebenso gehandelt" (ebd., Li Lou, Teil 2; Wilhelm, S. 131). Konfuzius sagt auch (als einer ihn fragte: „Warum sind Sie nicht an der Regierung beteiligt?"): „Im Buch der Urkunden [eine der kanonischen Schriften, die Konfuzius bearbeitet hat] heißt es: 'Habt Ehrfurcht vor den Eltern! Ehrfurcht vor den Eltern und Freundlichkeit gegen die Brüder – diese Eigenschaften sind beim

Regieren anzuwenden.' So gehören sie zur Tätigkeit des Regierens. Warum muß man dazu unbedingt Beamter sein?" (Gespräche des Konfuzius, Kap. II, 21). „Den Alten ein Leben in Ruhe und Frieden gönnen, mit Freunden in Treue verkehren, für die Jugend den Sinn bewahren – das sind meine Wünsche" (ebd., Kap. V, 26).

Aus der Ausdehnung der Xiao auf die anderen zwischenmenschlichen Beziehungen ergibt sich dann eine vom Konfuzianismus aufgestellte Verhaltensregel der fünf Beziehungen (Vater und Sohn, Monarch und Beamte, Mann und Frau, älterer und jüngerer Bruder, Freund und Freund), so wie Menzius sagt, „daß zwischen Vater und Sohn die Liebe ist, zwischen Monarch und Beamten die Gerechtigkeit, zwischen Mann und Frau der Unterschied [der Gebiete der Tätigkeit], zwischen Alt und Jung die Ordnung, zwischen Freund und Freund die Zuverlässigkeit" (Menzius, Teng Wen Gong, Teil 1; Wilhelm, S. 97). Yu Chu (?–?) aus der Nördlichen Song-Zeit meint: „Man kann die mehreren hunderttausend Wörter der sechs konfuzianischen Klassikerwerke [nämlich das Buch der Lieder, das Buch der Urkunden, das Buch der Riten, das Buch der Wandlungen, die Frühlings- und Herbstannalen, das Buch der Musik] in nur zehn Worten zusammenfassen: 'Monarch und Beamte, Vater und Sohn, Mann und Frau, Alt und Jung, Freund und Freund'" (vgl. Yan Beiming 1984, S. 346).

Hier ist eine von Konfuzius aufgestellte bekannte Theorie der Namensfestlegung besonders zu erwähnen; „Namensfestlegung" bedeutet, die Namen zu berichtigen oder zu definieren. Als Zi Lu (542–480 v. Chr.; Schüler des Konfuzius) Konfuzius fragte, was er zuerst tun möchte, wenn der Herrscher des Staates Wei auf ihn, den Meister, wartet, um die Regierung auszuüben, antwortete Konfuzius: „Unbedingt die Namen richtigstellen!" und: „Wenn die Namen nicht stimmen, dann ist die Rede nicht in Ordnung; wenn die Rede nicht in Ordnung ist, dann können die Sachen nicht vollbracht werden; wenn die Sachen nicht vollbracht werden, dann entsteht weder Sitte noch Musik; wenn Sitte und [harmonische] Musik nicht vorhanden sind, dann greifen die gesetzlichen Strafen nicht recht; wenn die gesetzlichen Strafen nicht recht greifen, dann weiß das Volk nicht, was es tun und was es lassen soll" (Gespräche des Konfuzius, Kap. XIII, 3). Der Monarch soll Monarch sein, Beamte Beamte, der Vater Vater und der Sohn Sohn. Sie alle müssen ihrer eigenen Namensfestsetzung streng folgen, und alle Menschen sollen ihrem Namen wirklich entsprechen. Es ist nichts gegen die Sitte und die Oberen erlaubt, was die gesellschaftliche Ordnung beschädigen könnte. Die Aufstellung der fünf zwischenmenschlichen Beziehungen ist Ausdruck der Theorie der Namensfestlegung des Konfuzius.

In den fünf zwischenmenschlichen Beziehungen steht der Vater zum Sohn in einem Verhältnis der gegenseitigen Liebe, wie der Monarch zum Beamten, der Mann zur Frau, Alt zu Jung, der Freund zum Freund. Der Sohn (oder die Tochter) soll vor dem Vater (bzw. der Mutter) Ehrfurcht haben und der Vater (die Mutter) dem Sohn (der Tochter) liebevoll begegnen. Beamte sollen dem Monarch loyal ergeben sein; der Monarch soll die Beamten gerecht behandeln, wie Konfuzius sagt: „Der Monarch möge seine Beamten anständig und höflich behandeln. Die Beamten sollen dem Monarch in treuer Ergebenheit dienen" (ebd., Kap. III, 19). Mann und Frau sollen sich gegenseitig verehren. Jung soll Alt respektieren und Alt soll Jung Liebe und Fürsorge schenken. Zwischen Freunden sollen gegenseitige Anteilnahme und gegenseitiges Vertrauen herrschen. Gerade aus diesem Liebe Gewähren und Erwidern, aus dem gegenseitigen Respekt und gegenseitiger Fürsorge entsteht dann eine harmonische Gemeinschaft der Menschen, die sich zunächst als Familie, dann als Staat und zuletzt als die ganze Welt konfiguriert. In einer solchen Gemeinschaft erweist jeder dem anderen Liebe, zugleich erhält jedes Glied dieser sich durch Harmonie auszeichnenden Gemeinschaft die Empfindung von Sicherheit und Zugehörigkeit.

Die Beziehung zwischen Alt und Jung hat ihre Ordnung

Xiao zählt zu den wichtigsten Begriffen der chinesischen traditionellen ethischen Gedanken, und sie stellt die Wurzel und den Grund der Humanität oder Menschlichkeit dar. Zugleich betont der Konfuzianismus aber auch die Ausdehnung der Xiao; das heißt also: Die Ehrfurcht der Kinder gegenüber den Eltern und die Liebe der Eltern zu den Kindern soll sich zur Loyalität der Beamten und zur Gerechtigkeit des Monarchen entwickeln, und weiter in die gegenseitige Verehrung zwischen Mann und Frau, in die Ordnung zwischen Alt und Jung, in die gegenseitige Zuverlässigkeit unter Freunden. Gerade dank dieser Ausdehnung der Xiao entsteht nicht nur eine Ordnung zwischen Vater und Sohn, sondern auch eine zwischen Monarch und Beamten, Mann und Frau, Alt und Jung, Freund und Freund, nämlich eine Ordnung fast aller zwischenmenschlichen Beziehungen, wodurch der Zustand der ganzen Gesellschaft stabil und harmonisch wird.

Eine solche Philosophie der Xiao Chinas beruht auf den Gefühlen, die sich aus der menschlichen Blutsverwandtschaft ergeben. Sie legt Gewicht nicht auf die spekulative Vernunft, sondern auf die angeborene unstrittige determinierte Ordnung zwischen Alt und Jung. Die Beziehung zwischen Alt und Jung ist das Wesentlichste des Begriffes Xiao und der Kern der vom Konfuzianismus hervorgehobenen zwischenmenschlichen Beziehungen. Gerade Xiao als Ausgangspunkt nehmend und am Prinzip der Ordnung zwischen Alt und Jung festhaltend, versucht der Konfuzianismus, ein geistiges Verbindungsnetz zu schaffen, das die Beziehung zwischen Vater und Sohn, Monarch und Beamten, Mann und Frau, älterem und jüngerem Bruder, Familienangehörigen und Freunden bzw. sämtliche zwischenmenschlichen Beziehungen innerhalb der Gesellschaft umfaßt. Durch diese soziale Beziehungskette zieht sich eine sich stets nach außen ausdehnende humanitäre Kraft, die sich ursprünglich aus dem angeborenen Gefühl zwischen Blutsverwandten entwickelt hat. Diese Kraft macht zugleich auch die einzige Zentripetalkraft für die isolierten Mitglieder der Gesellschaft aus und bringt deshalb in die Welt Ordnung und Harmonie. In einem Staat, wo jeder seine Eltern verehrt und seine Kinder liebt, wo die Beziehung zwischen Alt und Jung ihre Ordnung hat, wo jeder Humanität und Gerechtigkeit übt, kann es selbstverständlich vorkommen, daß „die Erziehung im Staat ohne strenge Maßnahmen große Erfolge hat und das Regieren dieses Staates ohne Strafe ganz gelungen ist" (Zeng Zi: Klassikerwerk von Xiao, Kap. San Cai, Abschn. 7).

Es ist ganz klar, daß die vom Konfuzianismus hervorgehobene Ordnung zwischen Alt und Jung nur einen Teil der gesamten Gesellschaftsordnung darstellt. Man muß aber hinzufügen, daß dieser Teil sehr wesentlich und wichtig ist. Diese Ordnung scheint am wenigsten strittig und ist am einfachsten zu realisieren. Die Herstellung der Gesellschaftsordnung muß mit der ursprünglichsten und einfachsten zwischenmenschlichen Beziehung anfangen, nämlich mit der Familie. Konfuzius sagt: „Wenn die Edlen im Lande mit respektvoller Liebe ihre Verwandten behandeln, wird sich im Volk die Humanität entfalten" (Gespräche des Konfuzius, Kap. VIII, 2). Und You Zi sagt: „Es gibt selten Menschen, die ihren Eltern mit Ehrfurcht, ihren älteren Brüdern mit Achtung begegnen und die trotzdem gegen die Obrigkeit rebellieren wollen. Die Menschen, die die Rebellion gegen die Obrigkeit nicht wollen, dennoch Aufruhr und Unordnung stiften, sind noch nie dagewesen" (in: ebd., Kap. I, 2). Von Menzius ist der Satz überliefert: „Wenn alle Menschen ihre Nächsten lieben und ihre Älteren ehren, so ist die ganze Welt in Frieden" (Menzius, Li Lou, Teil 1; Wilhelm, S. 118). Die Chinesen der alten Zeit konnten natürlich den späteren komplizierten Wandel der Gesellschaft nicht vorhersehen, sie haben jedoch von Anfang an schon richtig die grundlegendste zwischenmenschliche Beziehung für den Ausgangspunkt gehalten und daher den wesentlichsten Teil der menschlichen Beziehungen erfaßt. Sie waren der Meinung, daß die elementarste Voraussetzung, die ganze Gesellschaft zu ordnen, in der richtigen Behandlung dieser Beziehung besteht.

Der Einfluß des Konfuzianismus

Außer in der Qin-Dynastie (221–207 v. Chr.), wo der Gedanke des Legalismus als der herrschende galt und die Bücher des Konfuzianismus auf den Befehl des Ersten Kaisers der Qin-Zeit verbrannt und viele Konfuzianer sogar lebendig begraben wurden, nahm der Konfuzianismus in der gesamten chinesischen feudalen Gesellschaft immer die Stellung einer staatlichen Ideologie ein:

Westliche Han-Zeit: Mit Dong Zhongshus Lehre, die sich durch seine Erklärungen und Kommentare der konfuzianischen Klassikerwerke auszeichnet, wurde für mehr als zweitausend Jahre die Tradition konfuzianischer Orthodoxie in der feudalen Gesellschaft inauguriert.

Wei- und Jin-Zeit: Wang Bi (226–249 n. Chr.) und He Yan (?–249 n. Chr.) erklärten (in ihren Spekulativen Lehren) mit den Gedanken des Laotse und Zhuang Zi die konfuzianischen Klassikerwerke.

Tang-Zeit: Han Yu (768–824) betonte die von den Urkaisern Yao und Shun bis auf Konfuzius und Menzius reichende Überlieferungskontinuität, um den traditionellen Gedanken des Konfuzius zu verteidigen und den Buddhismus zu bekämpfen.

Song- und Ming-Zeit: Sowohl die Ideen-Schule von Cheng Hao, Cheng Yi und Zhu Xi als auch die Bewußtseins-Schule von Lu Jiuyuan und Wang Shouren gehören zum Neo-Konfuzianismus.

Qing-Zeit: Die empiristische Schule von Dai Zhen gehört ebenfalls zum Neo-Konfuzianismus.

Erst seit der Vierter-Mai-Bewegung im Jahre 1919 (politische und kulturelle Erneuerungsbewegung mit antiimperialistischer und antifeudalistischer Stoßrichtung, initiiert von Studenten und Gelehrten) hat der Konfuzianismus in China an Bedeutung verloren.

Taoismus: Nicht-Ringen

Allgemein gesagt, besteht der Ausgangspunkt des konfuzianischen Gedankens der Humanität in der auf den Gefühlen der menschlichen Blutsverwandtschaft gründenden Tugend der Ehrfurcht gegenüber den Eltern. Das bedeutet, daß der Konfuzianismus das Augenmerk hauptsächlich auf die Ordnung der Familie richtet. Im Vergleich dazu liegt im Taoismus der Schwerpunkt mehr auf der Gesellschaft und dem Kosmos. Betont wird das Tao des Kosmos und die Ansicht, daß man sich in der Gesellschaft nach dem Tao des Kosmos verhalten und seine Angelegenheiten regeln soll.

Es ist unvermeidlich, daß man im gesellschaftlichen Leben und den zwischenmenschlichen Beziehungen auf einen Interessenkonflikt oder eine ideologische Auseinandersetzung stößt. Es entsteht die Frage, wie man aus einem komplizierten Konflikt einen vernünftigen Ausweg findet und eine besonders gefährliche Situation vermeidet.

Unterwerfungen mit Waffengewalt zählen in der Geschichte der Menschheit zu den ältesten und allgemeinsten Methoden zur Lösung von Konflikten und Widersprüchen. Bis in den Anfang dieses Jahrhunderts haben viele Denker (z. B. Max Weber) noch die Überzeugung vertreten, daß der politische Konflikt nur mit Gewalt zu lösen sei. Diese Überzeugung wurde in unserem heutigen Atomzeitalter dank der Tatsache, daß es in einem Atomkrieg keinen Sieger geben kann, eliminiert. Die unweigerliche Selbstauslöschung der Menschheit durch einen Atomkrieg kann dadurch vermieden werden. So läßt sich verstehen, warum in den gegenwärtigen Theorien der politischen Philosophie Begriffe wie „Kontakt“, „Dialog“, „Verhandlung“, „Kompromiß“, die dem demokratischen Zeitalter eigen sind, eine derart herausragende Stellung einnehmen. Konfrontation durch Kompromiß zu ersetzen, ist ein wichtiges Kennzeichen dafür, daß die Zivilisation der Menschheit in ein neues Stadium der Entwicklung getreten ist.

Der chinesische Taoismus vertritt eine Philosophie, die fordert, sich von der Welt zurückzuziehen und nicht zu wirken bzw. nicht zu ringen. Nur dadurch, daß sich das Volk von Wissen und Begierde trennt, kann das Ziel erreicht werden, daß es in Frieden lebt und der Staat gut regiert wird. Eine solche Lehre stimmt zwar mit der Zeitströmung nicht überein und genießt nicht die Gunst der Menschen, aber die in dieser Lehre enthaltene Verhaltensregel, daß man sich zurückziehen muß, um in Wirklichkeit vordringen zu können, ist von großer Bedeutung besonders für die gegenwärtigen Philosophen, die sich damit beschäftigen, wie Menschen überhaupt Konflikte zu entschärfen und Kompromisse einzugehen vermögen.

Leitgedanke: Still-Halten und Nicht-Eingreifen

Wie allen bekannt, wird der Taoismus deshalb Taoismus genannt, weil Laotse und Zhuang Zi das Tao für den Ursprung des Kosmos und die gesamte Regel, die alles auf der Welt beherrscht, halten. Laotse sagt: „Es gibt ein Ding, das ist unterschiedslos vollendet, schon vor Himmel und Erde bestehend, so still, so gestaltlos. Allein steht es und ändert sich nicht. Im Kreis läuft es und hält nicht. Man kann es die Mutter der Welt nennen. Ich weiß seinen Namen nicht, aber ich benenne es Tao“ (Tao Te King, Kap. 25); „Man kann das Verhältnis des Tao zur Welt vergleichen mit dem Bach, dem Talfluß, die strom- und meerwärts treiben“ (ebd., Kap. 32). Zhuang Zi sagt: „Das ist Tao: es ist wirklich und wahr, aber es äußert sich nicht in Handlungen und hat keine äußere Gestalt; man kann es mitteilen, aber man kann es nicht fassen; man kann es verstehen, aber man kann es nicht sehen. Es ist unerzeugt sich selber Wurzel. Ehe Himmel und Erde waren, bestand es von

Ewigkeit. Geistern und Göttern verleiht es den Geist; Himmel und Erde hat es erzeugt. Es war vor dem Äußersten und ist nicht hoch; es ist über allen äußersten Punkte und ist nicht tief; es ging der Entstehung von Himmel und Erde voran und ist nicht alt; es ist älter als das älteste Altertum und ist nicht greis" (Zhuang Zi, Buch VI, Da Zong Shi; Wilhelm, S. 87).

Tao ist nach dem Taoismus die Substanz, die alles im Kosmos hervorbringt. Nachdem das Tao alle Dinge auf der Welt erzeugt hat, existiert es innerhalb dieser Dinge und ernährt sie. Dieses den konkreten Dingen innewohnende Tao, das zugleich die vom Tao herstammenden speziellen Regeln oder speziellen Eigenschaften der Dinge darstellt, heißt Te. Te ist also die Existenz- oder Manifestationsform des Tao in den konkreten Dingen.

Da das Tao die Ursache und Substanz aller Dinge im Kosmos ausmacht, stehen die konkreten Dinge ihm gegenüber in einem Verhältnis höchsten Respekts. Darüber hinaus ist das Tao Laotse zufolge deswegen vor allem zu achten, weil es uneigennützig ist. Obgleich das Tao alle Dinge hervorgebracht hat, möchte es sie doch nur hegen, nicht aber beherrschen oder besitzen. Laotse sagt: „Das große Tao ist so überströmend, daß es sich nach links und rechts zu wenden vermag. Alle Dinge verdanken ihm ihr Dasein, und es verweigert sich ihnen nicht. Es wirkt, doch nimmt sein Werk nicht in Beschlag. Es kleidet und nährt alle Dinge und spielt nicht ihren Herrn" (Tao Te King, Kap. 34). „Also: das Tao erzeugt alles, das Te nährt alles. Tao und Te lassen alles wachsen, und pflegen, vollenden, halten, bedecken und schirmen es dann. Erzeugen, doch nicht Besitzen. Handeln, aber nicht stolz. Leiten, doch nicht Beherrschen. Dies nennt man die größte und tiefste Tugend" (ebd., Kap. 51)[1].

Da das Tao uneigennützig und nicht begehrend ist, scheint es ziemlich „klein". In Wirklichkeit ist es jedoch „groß". Deswegen formuliert Laotse: „Sofern es ewig ohne Begehren ist, kann man es als klein bezeichnen. Sofern alle Dinge von ihm abhängen, ohne daß es sich zum Gebieter macht, kann man es als groß bezeichnen" (Tao Te King, Kap. 34).

Diese Ehrwürdigkeit und Größe des Tao wird von seiner Natur bestimmt, die sich durch Still-Halten und Nicht-Eingreifen auszeichnet. Das Wesen des Tao besteht darin, natürlich, ungezwungen und ungekünstelt zu sein. „Das Tao richtet sich nach sich selber (nämlich nach seinem eigenen Gesetz)“ (ebd., Kap. 25). „Tao und Te möchten das Schicksal aller Dinge nicht meistern, sondern lassen es sich selbst natürlich entwickeln“ (ebd., Kap. 51). „Dadurch fördert das Tao den natürlichen Lauf der Dinge, und wagt nicht einzugreifen“ (ebd., Kap. 64).

Da das Tao alle Dinge weder beherrscht noch regiert, sondern sie sich selbst natürlich entwickeln läßt, kann es sich auch seitens aller Dinge Respekt erwerben. Daher kann sich wiederum alles auf der Welt harmonisch entwickeln und einen immer größeren Aufschwung nehmen. Das heißt also: „Alle Dinge werden sich von selbst entfalten“ (ebd., Kap. 37), und „die Welt wird selbst zur Ordnung finden“ (ebd.).

Mit Laotses Worten: „Der Mensch richtet sich nach der Erde. Die Erde richtet sich nach dem Himmel. Der Himmel richtet sich nach dem Tao. Das Tao richtet sich nach sich selber“ (ebd., Kap. 25). Das heißt: Ruhig zu sein und nicht einzugreifen, sich nach sich selber zu richten, ist nicht nur das Prinzip des Tao, sondern auch das Prinzip aller Dinge auf der Welt und das Prinzip, nach dem man sich in der Gesellschaft verhält und Angelegenheiten regelt. Im Taoismus gibt es folgende wichtige Punkte, die für ein richtiges Verhalten in der Gesellschaft zu beachten sind:

Erstens: „Mindert die Selbstsucht!“ (ebd., Kap. 19)

Laotse: „Der Grund, warum ich große Leiden habe, ist, daß ich einen Leib habe. Wäre ich ohne Leib, was hätte ich für Leid?“ (ebd., Kap. 13). Zhuang Zi sagt ähnlich: „Der höchste Mensch ist frei vom Ich; der geistige Mensch ist frei von Werken; der heilige Mensch ist frei vom Namen“ (Zhuang Zi, Buch I, Xiao Yao You; Wilhelm, S. 31); „Laß allen Dingen ihren freien Lauf und dulde keine Selbstsucht“ (ebd., Buch VII, Ying Di Wang; Wilhelm, S. 98).

Zweitens: „Verringert die Begierden!“ (Tao Te King, Kap. 19)

Laotse sagt: „Es gibt keine größere Sünde als viele Wünsche. Es gibt kein größeres Übel als kein Genüge kennen. Es gibt keinen größeren Fehler als nach Gewinn zu streben. Darum: das Genügen der Genügsamkeit ist dauerndes Genügen“ (ebd., Kap. 46). „Ruhm oder Leben: was ist liebenswerter? Leben oder Gut: was ist wertvoller? Gewinnen des Ruhmes oder Verlieren des Lebens: welches ist schlimmer? Darum: wer allzu sorgsam spart, wird schwereren Verlust erleiden. Wer viel sich anhäuft, in Fülle büßt der ein. Wer Genügen kennt, bleibt ohne Schande. Wer Einhalt zu tun weiß, kommt nicht in Gefahr. So kann die Anwendung des Tao dauern und bleiben immerdar“ (ebd., Kap. 44).

Drittens: „Im Äußeren: Einfachheit; innerlich: Lauterkeit“ (ebd., Kap. 19) *und verschmäht die Künstelei und Klugheit!*

Laotse sagt: „Brich ab die Heiligkeit, verwirf die Klugheit! So wird dem Volk Nutzen hundertfältig. Brich ab die Sittlichkeit, verwirf die Rechtlichkeit! So kehrt das Volk zu Kindsgehorsam, Elternliebe. Brich ab die Geschicklichkeit, verwirf den Gewinn! So gibt es keine Räuber und Diebe mehr“ (ebd.). Zhuang Zi sagt auch: „Aber ohne starre Grundsätze erhaben sein, ohne die Betonung von Sittlichkeit und Rechtlichkeit sich charakterlich zu vervollkommnen trachten, ohne amtliche Würden Ordnung schaffen, ohne in die Einsamkeit von Strom und See zu gehen Muse finden, ohne Atemübungen hohes Alter erreichen, alles [starre Grundsätze, Sittlichkeit und Rechtlichkeit, amtliche Würden, Einsamkeit von Strom und See, Atemübungen] vergessen, doch alles (erhaben sein, charakterlich vollkommen sein, Ordnung schaffen, Muse finden, hohes Alter erreichen) besitzen, und zwar in unendlicher Gelassenheit sein, aber dabei doch alles Schöne im Gefolge haben: das ist das Tao von Himmel und Erde, die Tugend des heiligen Menschen“ (Zhuang Zi, Buch XV, Ke Yi; Wilhelm, S. 171). Zhuang Zi betont die Einfachheit und Lauterkeit deshalb, weil nach ihm die Künstelei und Klugheit dem Wesen der Natur und des Kosmos nicht entsprechen: „Das große Tao bedarf nicht der Bezeichnung; der große Weise argumentiert nicht; die große Menschlichkeit hat nichts zu lieben; die große

Bescheidenheit braucht nicht bescheiden zu sein; der große Mut will niemanden beschädigen. Ist das Tao zu bezeichnen, so ist es nicht das Tao; sucht man zu argumentieren, so kann man nichts erreichen; hat die Menschlichkeit etwas Konkretes zu lieben, so ist sie nicht vollkommen; ist die Bescheidenheit übermäßig, so kann sie kein Vertrauen gewinnen; ist der Mut schädlich, so wird er sicher eine Niederlage erleiden" (ebd., Buch II, Qi Wu Lun; Wilhelm, S. 47). Deshalb meint Zhuang Zi, daß der höchste Mensch so sein soll: „Er ist nicht der Sklave seines Ruhms; er hegt nicht Pläne; er gibt sich nicht ab mit den Geschäften; er ist nicht Herr des Erkennens. Er ist mit unendlichen Dingen eins und ohne jede Spur des Ichs. Bis aufs letzte nimmt er entgegen, was der Himmel spendet, und hat doch, als hätte er nichts. Alles ist total leer!" (ebd., Buch VII, Ying Di Wang; Wilhelm, S. 99).

Viertens: Man soll auf seine Zeit warten und der Erfüllung harren (ebd., Buch III, Yang Sheng Zhu; Wilhelm, S. 56), *und dann jedes Leiden und Unglück, selbst den Tod mit Fassung tragen.*

Als seine Frau gestorben war, saß Zhuang Zi mit ausgestreckten Beinen auf dem Boden, trommelte auf einer Schüssel und sang. Ein Freund von ihm war darüber sehr ärgerlich und sagte: „Wenn eine Frau mit einem zusammen gelebt hat, Kinder aufgezogen hat und im Alter stirbt, dann ist es schon genug unverständlich, wenn der Mann nicht um sie klagt. Nun noch obendrein auf einer Schüssel zu trommeln und zu singen, ist das nicht gar zu bunt?" (ebd., Buch XVIII, Zhi Le; Wilhelm, S. 195). Zhuang Zi antwortete: „Nicht also! Als sie eben gestorben war, (denkst du), daß mich da der Schmerz nicht auch übermannt habe? Aber als ich mich darüber besann, von wannen sie gekommen war, da erkannte ich, daß sie ursprünglich überhaupt kein Leben hatte; ja nicht nur kein Leben, sondern keinen Körper, ja nicht nur keinen Körper, sondern keine Wirkungskraft. Da entstand eine Mischung im Unfaßbaren und Unsichtbaren, und es wandelte sich in eine Wirkungskraft, die Wirkungskraft wandelte sich in einen Körper, nach Veränderung hat der Körper das Leben. Nun trat abermals eine Verwandlung ein, und es kam zum Tod. Diese Vorgänge folgen einander wie Frühling, Sommer, Herbst und Winter, als der Kreislauf der vier Jahreszeiten. Und nun ruht sie in Frieden zwischen Himmel und Erde, wie sollte ich da mit Seufzen und Klagen sie beweinen? Das hieße das Schicksal nicht verstehen. Darum lasse ich ab davon" (ebd., Wilhelm, S. 196). An einer anderen Stelle sagt Zhuang Zi auch: „Das Leben des heiligen Menschen ist Wirken des Himmels; sein Sterben ist Wandel der körperlichen Form" (ebd., Buch XV, Ke Yi; Wilhelm, S. 171). Darum heißt es: „Die wahren Menschen der Vorzeit kannten nicht die Lust am Leben und nicht den Abscheu vor dem Sterben. Ihr Eintritt (in die Welt der Körperlichkeit) war für sie keine Freude, ihr Eingang (ins Jenseits) war ohne Widerstreben. Gelassen gingen sie, gelassen kamen sie. Sie vergaßen nicht ihren Ursprung, sie strebten nicht ihrem Ende zu; vom Himmel bekamen sie das Leben und freuten sich darüber, und das Sterben bedeutete für sie nur das Zurückkehren ins Jenseits" (ebd., Buch VI, Da Zong Shi; Wilhelm, S. 84). „Der Meister kam in diese Welt, als seine Zeit da war. Der Meister ging aus dieser Welt, als seine Zeit erfüllt war. Wer auf seine Zeit wartet und der Erfüllung harrt, über den haben Freude Trauer keine Macht mehr. Diesen Zustand nannten die Alten: die Lösung der Bande des Himmels" (ebd., Buch III. Yang Sheng Zhu; Wilhelm, S. 56).

Fünftens: Nicht-Eingreifen!

Zhuang Zi sagt: „Ruhe, Schmacklosigkeit, Gelassenheit, Versinken, Leere, Nichtigkeit, Nicht-Eingreifen: das ist die Norm von Himmel und Erde und das Wesen von Tao und Te" (ebd., Buch XV, Ke Yi; Wilhelm, S. 171). Laotses Ausdruck: „Wer eingreift, verdirbt es. Wer festhält, verliert es" (Tao Te King, Kap. 64). Darum heißt es: „Wirkt durch Nicht-Eingreifen! Handelt durch Nicht-Handeln! Findet Geschmack an dem, was nicht schmeckt" (ebd., Kap. 63). Das ist eben die Verhaltensweise des heiligen Menschen: „Er wirkt durch Nicht-Eingreifen, er übt Belehrung ohne Reden" (ebd., Kap. 2). Selbst wenn man einen Erfolg hat, soll man deswegen nicht eingebildet sein: „Er wirkt, aber nicht stolz. Ist das Werk vollbracht, so pocht er auch nicht auf seine Verdienste. Er wünscht nicht, seine Bedeutung vor anderen zu zeigen“ (ebd., Kap. 77).

Sechstens: „Reguliert die Wirkungskraft und erreicht die Milde!“ (ebd., Kap. 10) *So kann man ganz unbefangen sein und „zur Einfalt des Kindes gelangen.“* (ebd., Kap. 28)

Wenn sich jeder so verhält, dann kehrt in die ganze Gesellschaft Frieden und Harmonie ein. Hier spielt der Faktor „Still-Sein und Nicht-Eingreifen“ und „Alles sich natürlich selbst entwickeln lassen“ eine entscheidende Rolle. „Das Tao ist ewig ohne Wirken, und doch wirkt das Nichtwirkende alles“ (ebd., Kap. 37). „Wenn man das Reich regiert, muß man immer frei von Geschäftigkeit bleiben. Die Vielbeschäftigten sind nicht in der Lage, das Reich zu regieren“ (ebd., Kap. 48). Denn, sagt Laotse weiter: „Wenn ich nicht eingreife, so wird sich das Volk von selbst entwickeln. Wenn ich die Stille liebe, so wird das Volk von selber recht. Wenn ich nichts unternehme, so wird das Volk von selbst reich. Wenn ich keine Begierden habe, so wird das Volk von selber einfältig“ (ebd., Kap. 57). In Zhuang Zis Worten: „Die Alten sorgten für die Welt, indem sie wunschlos waren, und die Welt hatte Genüge. Sie griffen nicht ein, und alle Wesen entwickelten sich von selbst. Sie verharrten in abgrundtiefer Stille, und das Volk wurde beruhigt“ (Zhuang Zi, Buch XII, Tian Di; Wilhelm, S. 129).

Zusammenfassend gesagt, besteht der Leitgedanke des Taoismus darin, daß der vollkommenste Zustand aller Dinge ihr natürlicher Zustand ist, der sich durch Leerheit und Stille auszeichnet (vgl. Tao Te King, Kap. 16). Wenn sich alles in einem natürlichen Zustand befindet, bedeutet das dann, daß „jedes zu seinem Wurzelgrund zurückkehrt“ (ebd.). Das heißt auch: Jedes kehrt heim zu seiner angeborenen Eigenschaft und entspricht ganz dem Tao. Ein solcher natürlicher Zustand besagt, daß die eigene Wirkungskraft jedes Dinges mit der Wirkungskraft von Himmel und Erde eins ist. Der vollkommenste Zustand des Menschen ist auch sein natürlicher Zustand, durch ihn tritt er in Distanz zur irdischen Welt und kann in das ewige, unendliche, friedliche und glückliche Reich des Tao eintreten, nämlich das Reich, in dem „Himmel und Erde mit mir zugleich entstehen, und alle Dinge mit mir eins sind" (Zhuang Zi, Buch II, Qi Wu Lun; Wilhelm, S. 46). Um dieses Reich, wo es „keine Vergangenheit und Gegenwart" und „keinen Tod und keine Geburt" (ebd., Buch VI, Da Zong Shi; Wilhelm, S. 88) mehr gibt, zu erreichen, muß man sich nach sich selber richten, ruhig sein, nicht eingreifen, schlicht und ungekünstelt bleiben und zu kindlicher Einfalt zurückkehren.

Verhaltensregel: Wirken, jedoch durch Nicht-Eingreifen, keinesfalls streiten oder ringen[2]

Aus der Umsetzung des obigen taoistischen Leitgedankens in die Praxis ergibt sich dann eine Verhaltensregel des Taoismus, d. i. Nicht-Ringen. Zhuang Zi sagt: Der Heilige „entspricht nur den Anregungen, die auf ihn wirken; er bewegt sich nur gezwungen und erhebt sich nur, wenn er nicht anders kann" (Zhuang Zi, Buch XV; Wilhelm, S. 171). Laotse sagt: „Das Tao des Himmels ist Fördern, ohne zu schaden. Das Tao des heiligen Menschen ist Wirken, ohne zu ringen" (Tao Te King, Kap. 81). Der heilige Mensch, der sich über das Tao des Himmels im klaren ist, ist laut Laotse nie selbstsüchtig und deshalb immer ohne Begierde. Er wirkt durch Nicht-Eingreifen und versucht immer, sich unten zu halten, sich selbst zurückzuziehen, verborgen zu bleiben und namenlos zu sein. Deswegen will er nie ringen. Laotse vergleicht diesen heiligen Menschen mit dem Wasser: „Der dem Tao entsprechende Mensch gleicht dem Wasser. Das Wasser versteht sich gut darauf, allen Wesen zu nützen, aber es will nie mit ihnen ringen. Es weilt an Orten, die alle Menschen verabscheuen. Darum steht es jedoch nahe dem Tao" (ebd., Kap. 8). Wenn der heilige Mensch nicht ringt, „vermag niemand auf der Welt, mit ihm zu ringen" (ebd., Kap. 22). Wenn niemand auf der Welt ringt, dann können wir alle ein friedliches Leben führen und eine harmonische Beziehung zueinander unterhalten und die innere Ruhe genießen. Selbst der Herrscher der ganzen Welt, meint Zhuang Zi, soll auch nicht ringen und nicht sich selbst zur Schau stellen. Daher sagt Zhuang Zi: „Und würden ihm alle Schätze der Welt gehören, er hält sie nicht fest als sein eigenes Teil. Und wäre er Herrscher der ganzen Welt, er sieht darin nicht eine persönliche Auszeichnung“ (Zhuang Zi, Buch XII, Tian Di; Wilhelm, S. 130).

Nicht-Ringen bedeutet nicht nur, daß man nicht rivalisiert, nicht streitet, nicht kämpft, sondern auch, daß man Maß und Grenzen kennt und nie übertreibt. Insofern sagt Zhuang Zi: „Gutes tun, aber nicht um nach Ruhm zu streben, Übel tun, aber ohne straffällig zu sein. Wer es versteht, das Halten von Maß und Mitte zu seiner Grundrichtung zu machen, der ist imstande, seinen Leib zu schützen, sein Leben voll zu machen, sich auszuruhen und seiner Jahre Zahl zu vollenden“ (ebd., Buch III, Yang Sheng Zhu; Wilhelm, S. 54).

Um jedes Ringen vermeiden zu können, muß man sich selbst immer zurückziehen, bescheiden und höflich sein. Im I Ging heißt es: „Das Tao des Himmels ist es, das Volle leer zu machen und das Bescheidene zu mehren ... Das Tao des Menschen ist es, das Volle zu hassen und das Bescheidene zu lieben“ (I Ging, Kommentar zur 15. Grundfigur Qian; Wilhelm, S. 420). Zhuang Zi sagt: „Nach außen schwächlich, niedrig und bescheiden, innen leer und weitherzig, ohne irgendein Wesen zu schädigen“ (Zhuang Zi, Buch XXXIII, Tian Xia, keine Übersetzung von Wilhelm). Und Laotse fügt hinzu: „Der heilige Mensch erkennt sich selbst, aber er will nicht scheinen. Er liebt sich selbst, aber er sucht nicht Ehre für sich“ (Tao Te King, Kap. 72). „Wer glaubt, am besten sehen zu können, ist in Wirklichkeit nicht imstande, etwas einzusehen. Wer glaubt, am richtigsten beurteilen zu können, ist in Wirklichkeit immer sehr wirrköpfig. Wer sich selber rühmt, kann sich überhaupt kein Verdienst erwerben. Wer sich selber hervortut, ist überhaupt nicht fähig, als Führer zu arbeiten“ (ebd., Kap. 24). Zhuang Zi erzählt eine Geschichte, um auszudrücken, daß nur der Hochmütige mit

Schande beladen sein kann, während der Bescheidene es vermag, sich Respekt zu verschaffen: „Yang Zi [ein Taoist aus der Zeit der Streitenden Reiche] erreichte den Staat Song und logierte in einem Gasthaus. Der Besitzer des Gasthauses hatte zwei Frauen, eine schöne und eine unansehnliche. Doch der Besitzer verehrte die unansehnliche und verachtete die schöne. Yang Zi fragte ihn nach dem Grund. Der junge Besitzer antwortete: 'Die schöne fühlt sich sehr schön, aber ich finde es nicht so. Die unansehnliche fühlt sich unansehnlich, doch ich finde es auch nicht so'. Yang Zi sagte: 'Ich, Ihr Schüler, will nicht vergessen: Wenn man Gutes tut, aber ohne sich anderen überlegen zu fühlen, wo und wie kann man dann nicht beliebt sein?" (Zhuang Zi, Buch XX, Shan Mu, vgl. Liä Dsi, übers. von R. Wilhelm, II, 16: Die beiden Weiber). Zhuang Zi meint damit: Yang Zi ist ein Erleuchteter im Sinn des Taoismus. Ein Erleuchteter soll nach dem Taoismus immer an dem Prinzip festhalten, daß „die Schwachheit die Wirkung des Tao ist" (Tao Te King, Kap. 40). Er kennt seine Männlichkeit, bewahrt aber seine Weiblichkeit. Er ist vom Licht der Erkenntnis durchdrungen, bleibt dennoch im Dunklen. „Er erkennt seine Ehre, möchte jedoch mit Schande beladen sein" (vgl. ebd., Kap. 28). „Er wünscht nicht das glänzende Gleißen des Juwels, sondern die rohe Rauheit des Steins" (vgl. ebd., Kap. 39). „Er sucht nicht dem Glück zuvorzukommen noch dem Unglück zu begegnen" (Zhuang Zi, Buch XV, Ke Yi; Wilhelm, S. 171), damit er nie wagt, dem Reich voranzugehen (Tao Te King, Kap. 67). Er verhält sich immer mit Ruhe, Leichtigkeit, Schmacklosigkeit und Gleichgewicht, „da können Leiden und Schmerzen nicht hinein, und üble Einflüsse vermögen nicht zu überwältigen. So werden das Tao und der Geist bei ihm völlig und vollkommen" (Zhuang Zi, Buch XV, Ke Yi; Wilhelm, S. 171). Nur so kann er einen breiten und ebenen Weg einschlagen.

Grundstrategie: Sich scheinbar zurückziehen, in Wirklichkeit aber vordringen

Schwach zu sein und sich zurückzuziehen ist nach dem Taoismus selbst nicht der Zweck, sondern der Weg, einen Sieg zu erringen. Laotse sagt: „Der Weg des Himmels: er ringt nicht und ist dennoch gut im Siegen“ (Tao Te King, Kap. 73). Schwach zu sein und sich zurückzuziehen, scheint sehr passiv, ist aber in Wirklichkeit das Aktivste, denn durch Schwachheit und Zurückziehen kann man geschützt werden. Zhuang Zi: „Wenn etwas zu hart ist, dann kann es sich nicht der Zerstörung entziehen. Wenn etwas zu scharf ist, dann kann es nicht vermeiden, gestutzt zu werden“ (Zhuang Zi, Buch XXXIII, Tian Xia, keine Übersetzung von Wilhelm). Laotse sagt sogar: „Die Starken sterben keinen guten Tod“ (Tao Te King, Kap. 42); „Darum gehören die Harten und Starken in die Kategorie des Todes, während die Weichen und Schwachen in die des Lebens gehören“ (ebd., Kap. 76). „Wer seine Überlegenheit zur Schau stellt, der erleidet den Tod. Wer sich darauf gut versteht, sich zurückzuziehen, der bleibt am Leben“ (ebd., Kap. 73). Wer sich selbst schützen kann und sich somit vor Schaden bewahrt, schreitet also voran und macht sich einen Weg zu zukünftigen größeren Fortschritten auf.

Um noch größere Fortschritte machen zu können, muß man dem Taoismus nach die Wahrheit erkennen, „daß der innerlich Fortschreitende immer rückschrittlich erscheint“ (ebd., Kap. 41). Das heißt also: Wer voranschreiten möchte, der muß zuerst einen Schritt zurücktreten. Wer stark sein will, der soll schwach und weich scheinen. Laotse führt das Beispiel von Strom und Meer an: „Daß Ströme und Meere Könige aller Bäche sind, kommt daher, daß sie sich gut unten halten können. Darum sind sie die Könige aller Bäche. Also auch der heilige Mensch: Wenn er über seinen Leuten stehen will, so beugt er sich in seinen Worten bescheiden [im Kap. 68 sagt Laotse auch: „Wer es versteht, Menschen zu Aufgaben heranzuziehen, der unterstellt sich ihnen ganz“]; wenn er den Leuten voran sein will, so stellt er sein Selbst hinter sie. Also auch: Er weilt oben, ohne das Volk zu belasten, er weilt vorn, ohne dem Volk zu schaden. Deshalb ist die ganze Welt willig, ihn voranzubringen, ohne ihm müde zu werden" (ebd., Kap. 66). Genauso: „Je mehr er für andere tut, desto mehr hat er selbst. Je mehr er anderen gibt, desto mehr wird ihm selbst zuteil" (ebd., Kap. 81) [Konfuzius sagt auch: „Wenn einer wünscht, sich selbst zu festigen, soll er auch anderen Menschen helfen, sich zu festigen; und was er selbst zu erreichen sucht, das soll er anderen Menschen auch zu erreichen verhelfen" (Gespräche des Konfuzius, Kap. VI, 28)]. „Deshalb der heilige Mensch: Er setzt sein Selbst zurück, und sein Selbst kommt doch voran. Er achtet sein Selbst nicht, und sein Selbst bleibt doch erhalten. Ist das nicht, weil er ohne Eigennutz? Darum vermag er, sein Eigen zu vollenden" (Tao Te King, Kap. 7). „Darum: Tut der heilige Mensch bis ans Ende nichts Großes, so kann er seine Größe vollenden" (ebd., Kap. 63).

Nach dem Taoismus läuft die tiefgründigste Wahrheit der Welt immer den allgemeinen Kenntnissen der Leute zuwider. Denn die gewöhnlichen Menschen neigen dazu, die Dinge nur oberflächlich zu betrachten, und sie sind nicht imstande, die Innenseite und Rückseite der Dinge zu durchschauen. Dagegen lehrt uns die taoistische Philosophie, die Vorder- und Rückseite, die positive und negative Seite der Dinge zusammenschließend zu erkennen, um ihr Gesamtbild und inneres Wesen zu erfassen. Deshalb sagt Laotse: „Wer die Ungerechtigkeit ausgehalten hat, der kann sich unversehrt erhalten. Wer keine Angst hat, gebeugt zu werden, der kann sich doch aufrichten. Wer willig ist, in einer niederen Stelle zu bleiben, der kann ausgefüllt werden. Wer keine Abneigung gegen den alten Gegenstand hat, der kann den neuen erhalten. Wer wenig hat, der kann mehr bekommen. Wer zu viel möchte, dem kann genommen werden" (ebd., Kap. 22); „Wer in Wirklichkeit das Tao gut versteht, der scheint jedoch nicht so hellwach und tüchtig. Der innerlich Fortschreitende erscheint aber immer rückschrittlich. Der scheinbar ebene Weg ist vielleicht sehr rauh. Der Mensch mit der höchsten Tugend ist jedoch immer sehr bescheiden und aufgeschlossen. Das strahlende Weiß erscheint trübe. Der Mensch mit der weitesten Tugend fühlt sich immer ungenügend. Der Mensch mit der festesten Tugend erscheint jedoch immer träge. Der Mensch mit der wahren Tugend ist so schlicht, als ob er heuchlerisch wäre" (ebd., Kap. 41); „Das Geradeste erscheint oft wie krumm. Die größte Geschicklichkeit erscheint wie sehr dumm. Die größte Beredsamkeit erscheint wie stumm" (ebd., Kap. 45). Zhuang Zi ist auch der Meinung: „Während alle das Erste möchten, nehme ich allein das Letzte ...; während alle zur Wirklichkeit neigen, bin ich allein für die Leerheit ..."; „'ich habe nichts aufgespeichert, deshalb bin ich sehr reich', und zwar hochragend und reich"; „während alle das Glück suchen, beuge ich mich allein der Notwendigkeit eines Kompromisses", damit „ich mich von jeder Qual befreien kann" (Zhuang Zi, Buch XXXIII, Tian Xia).

Je stärker ein Mensch sein will, desto schwächer muß er erscheinen. Laotse meint: Nach dem Gesetz, daß jedes Ding in sein Gegenteil umschlägt, wenn es bis zum Äußersten getrieben wird, erreicht man das Niveau des Stärksten dadurch, daß man sich zum Schwächsten macht. Darum sagt Laotse: „Das Starke und Große ist unterlegen. Das Weiche und Schwache ist überlegen" (Tao Te King, Kap. 76); „Weichheit wahren heißt: Stärke" (ebd., Kap. 52); „Das Weibliche überwindet immer durch seine Stille das Männliche" (ebd., Kap. 61); „Das Schwache kann das Starke besiegen. Und das Weiche kann das Harte besiegen" (ebd., Kap. 78); „Auf der ganzen Welt gibt es nichts Weicheres und Schwächeres als das Wasser. Und doch in der Art: wie es dem Harten zusetzt, kommt nichts ihm gleich" (ebd.); „Das Allerweichste der Welt kann das Allerhärteste überwinden" (ebd., Kap. 43). „Weil er niemals sich selbst für groß nimmt, darum kann er seine Größe vollenden" (ebd., Kap. 34). „Weil er nicht wagt, in der Welt voranzugehen, kann er der Führer aller Dinge sein" (ebd., Kap. 67). Zhuang Zi sagt auch: „Er [der Edle] ruht zwar wie ein Leichnam, ist aber in Wirklichkeit so ungeheuer wie ein sich bewegender Drache. Er scheint in abgrundtiefes

Schweigen gehüllt, erschüttert aber doch tatsächlich wie Donnerschlag die ganze Welt. Sein Geist bewegt sich höchst mysteriös, aber seiner Natur nach; ruhig und gelassen, wirkt er nicht, aber alle Wesen drängen sich um ihn zusammen" (Zhuang Zi, Buch XI, Zai You; Wilhelm, S. 118). Mit einer Geschichte über den Hahnenkampf erklärt Zhuang Zi den Grundsatz, daß man nur unbesiegbar sein kann, wenn man anderen nie überlegen sein will: „Ji Shengzi richtete für den König [Xuan aus der Zhou-Zeit] einen Kampfhahn ab. Zehn Tage später fragte der König: 'Ist er schon reif für den Kampf?' Ji Shengzi antwortete: 'Gar nicht. Er ist momentan gerade dem Schein nach stark, in Wirklichkeit aber schwach'. Nach zehn Tagen fragte der König noch einmal. Ji Shengzi sagte: 'Noch nicht. Er zeigt noch eine Reaktion, wenn er andere Kampfhähne hört oder sieht'. Zehn Tage später fragte der König wieder einmal, Ji Shengzi sagte: 'Noch nicht. Er blickt immer zornig und ist noch nicht von hohem Kampfwillen befreit'. Nach zehn Tagen fragte der König noch einmal, Ji Shengzi sagte: 'Jetzt ist es soweit! Er hat zwar den Schrei der anderen Hähne gehört, läßt sich aber nichts anmerken. Er sieht genau wie ein holzköpfiger Hahn aus. Seine Tugend ist also vollendet worden. Die anderen Hähne wagen nicht, einen Kampf aufzunehmen. Und sie sind alle geflohen'" (Zhuang Zi, Buch XIX, Da Sheng; vgl. Liä Dsi, übers. von Wilhelm, II, 20: Der Kampfhahn).

Das taoistische Prinzip von „Nicht-Ringen" und „Vordringen-durch-Zurückziehen" ist in zwei Bedeutungen einzuteilen.

Erstens: Mit der Gegenpartei anknüpfen!

Wir sollen die Gegenpartei verstehen, achten, behutsam behandeln, auf ihre Interessen Rücksicht nehmen. Laotse sagt: „Den Guten behandle ich gut, und den Nicht-Guten behandle ich auch gut. So empfange ich Güte. Den Treuen vertraue ich. Den Ungetreuen vertraue ich auch. So empfange ich Vertrauen" (Tao Te King, Kap. 49). [In der Betonung der Höflichkeit und des Respektes vor anderen stimmt der Konfuzianismus mit dem Taoismus ganz überein. Konfuzius sagt: „Außer Haus begegne den Menschen mit der gleichen Höflichkeit, mit der du erlauchte Gäste empfängst; setzst du das Volk zur Arbeit ein, so tue es mit der gleichen Achtung, mit der das große Opfer dargebracht wird" (Gespräche des Konfuzius, Kap. XII, 2).] Wenn wir unsere eigensinnige Haltung der Selbstisolation radikal aufgeben und der Gegenpartei die Würde des Respekts nicht vorenthalten, dann werden wir auf Resonanz stoßen und den Konflikt in Frieden verwandeln, wodurch wir in Wirklichkeit einen Schritt weitergekommen sind.

Zweitens: Zugeständnisse-Machen!

Zhuang Zi sagt: „Man soll gegen alle Dinge tolerant sein und nie die Menschen verletzen" (Zhuang Zi, Buch XXXIII, Tian Xia). Wenn wir auf einen schweren Konflikt stoßen, sollen wir uns selbst zuerst zurückhalten und möglichst mit der Gegenpartei Nachsicht üben, um jedem gefährlichen Angriff ausweichen oder ihm die Spitze abbrechen zu können. Sobald wir einen Schritt zurücktreten, ist dann sofort genügender Spielraum zu finden, was besagt, daß hinter dem Horizont noch weitere Welten liegen. Durch das Zurückweichen können mehr Entwicklungsmöglichkeiten auftreten. Durch das Zurückweichen stehen uns mehr Lebenskräfte zur Verfügung. Das ist eben der Grund, warum Laotse sagt: „Darum gehören die Harten und Starken in die Kategorie des Todes, während die Weichen und Schwachen in die des Lebens gehören" (Tao Te King, Kap. 76).

Die taoistische Lehre von „Dringt durch Zurückziehen vor" und „Verfahrt streng mit euch selbst, nachsichtig mit anderen" (besonders mit der Gegenpartei oder den Andersdenkenden) hat einen tiefen und weitreichenden Einfluß auf die gesamte chinesische Kultur ausgeübt. In „Verfahrt mit anderen nachsichtig" gehen der Taoismus und der Konfuzianismus nicht auseinander. Laotse sagt: „Den Nicht-Guten behandle ich auch gut" (ebd., Kap. 49). Konfuzius sagt: „Wer sich selbst Schweres auferlegt, doch Leichtes nur von anderen verlangt, bleibt jedem Vorwurf fern" (Gespräche des Konfuzius, Kap. XV, 15). Als Zi Gong (520 v. Chr.–456 v. Chr., Schüler des Konfuzius) ihn fragte: „Gibt es ein Wort, das für das ganze Leben als Richtsschnur des Handelns dienen kann?", sagte Konfuzius: „'die Nachsicht'!" (ebd., Kap. XV, 24). Der Kern des Gedankens von „Verfahrt nachsichtig mit anderen" des Taoismus und Konfuzianismus besteht darin, daß eine harmonische zwischenmenschliche Beziehung nur dann hergestellt werden kann, wenn wir immer auf die Interessen der anderen oder der Gegenpartei Rücksicht nehmen. Es ist gerade dieser alte große Gedanke von „Vordringen durch Zurückziehen" und „Behandlung der Gegenpartei oder Andersdenkenden mit Nachsicht", der die weitreichende bemerkenswerte Toleranz des Chinesen und die weitherzige Eigenschaft der chinesischen Kultur geschaffen hat. Gestützt auf diese Großherzigkeit und vielfältige Aufnahme fremder Zivilisation erreichte das chinesische Volk in der Han- und Tang-Zeit die Höhen seiner Kultur. Obgleich sich der Taoismus und der Konfuzianismus in vielen Fragen voneinander unterscheiden, ist es ihnen doch gelungen, in der langen Geschichte friedlich zu koexistieren. Obgleich der Buddhismus zu den ausländischen Kulturen gehört, hat er doch auch beim chinesischen Volk Wurzeln schlagen und sich zügig entfalten können. In China gibt es ein Sprichwort: „Drei Lehren, eine Familie", was besagt, wie einträchtig der Konfuzianismus, der Taoismus und der Buddhismus in China nebeneinander lebten und leben. In der chinesischen traditionellen Kultur ist eine Verhaltensweise deutlich zu bemerken, welche ist: die geistigen Gegensätze sich nicht ausschließen zu lassen, sondern eine Synthese zu suchen; selbst wenn ein unversöhnlicher Konflikt auftritt, nicht zu versuchen, mit gewaltsamen Mitteln die Gegenpartei zu unterdrücken.

Diese taoistische Lehre von „Dringt durch Zurückziehen vor" und „Behandelt die Gegenpartei oder Andersdenkenden mit Nachsicht" repräsentiert in Wirklichkeit auch den Geist unserer Zeit, die Demokratie und Freiheit charakterisieren. In dieser offenen und vielfältigen Welt, in dieser modernen Gesellschaft, wo sich die Menschen nicht mehr durch Herrschaft, sondern durch Regelung verwalten, in diesem Zeitalter, wo sich die frühere, von heftiger gegenseitiger Konkurrenz bestimmte industrielle Gesellschaft allmählich in eine sich durch gegenseitige Ergänzung, Kooperation und Koexistenz auszeichnende Gesellschaft verwandelt, kann ein für alle akzeptables Kriterium der Rationalität nur in der Konsultation bestimmt von Nachsicht, Zugeständnissen, Kompromissen und Vermittlungen entstehen.

Der Einfluß des Taoismus

Anfang der Westlichen Han-Zeit:

Die Taoismus-Schule der Han-Zeit, vom damaligen Herrscher hoch geachtet, wurde die Schule des Kaisers Huang und Laotses genannt, denn sie brachte Laotse mit dem sagenhaften Kaiser Huang in Verbindung und hielt beide für die Begründer des Taoismus. Diese Schule, die viele Gedanken der Sophisten und Legalisten aufnahm, förderte die Lehre vom „Still-Sein und Nicht-Eingreifen". Das entsprach der damaligen politischen Situation, die ein sog. „Das-Volk-in-Ruhe-Lassen" sowie eine Wiederbelebung der Produktion vorsah.

Wei- und Jin-Zeit:

Die wichtigste philosophische Gedankenströmung der Wei-Dynastie (220–265 n. Chr.) und der Jin-Dynastie (265–420) ist die Spekulative Lehre (Xuan Xue) – eine philosophische Strömung des Taoismus, die sich durch ihre Verschmelzung mit dem Konfuzianismus auszeichnet. Die Vertreter der Spekulativen Lehre beschäftigten sich auf sprachlich abgehobenem Niveau hauptsächlich mit mysteriösen oder imaginären spekulativen Gegenständen, was auch zu einem besonderen Lebensstil führte. Sie alle propagierten die Hochschätzung des *Nichts* (nämlich die gestaltlose Substanz aller Dinge – Tao) und meinten, daß die moralischen Prinzipien von selbst entstanden, d. h. daß sie nicht von den Menschen festgelegt seien, sondern aus der Notwendigkeit des Tao stammten. Auch die feudale gesellschaftliche Ordnung sei eine Naturnotwendigkeit. Nach der Spekulativen Lehre sollen die Herrscher durch Nicht-Eingreifen regieren.

Tang-Zeit:

Der Taoismus galt wie der Konfuzianismus und Buddhismus als Staatsdoktrin.

Song- und Ming-Zeit:

Der Taoismus wurde zwar ganzheitlich vom Neo-Konfuzianismus verdrängt, doch viele seine Gedanken wurden von der Ideen-Schule in sich aufgenommen.

Der Geist und Kern der chinesischen Philosophie

Ordnung und Prinzip

Von der traditionellen Idee des Tao des Himmels ausgehend, legt die klassische chinesische Philosophie – sowohl der Konfuzianismus als auch der Taoismus – Gewicht auf Ordnung und Prinzip. Der Konfuzianismus hebt die Ordnung zwischen Alt und Jung in Familie und Gesellschaft hervor, während der Taoismus die natürliche Ordnung des Kosmos und das Verhaltensprinzip von „Vordringen durch Zurückziehen" betont. Es ist ganz klar: Die chinesische Philosophie befürwortet nicht die freie Tat des Individuums, sondern die Einheit und Harmonie des Ganzen. Sie tritt nicht dafür ein, die Menschen als Zentrum (des Kosmos) zu betrachten, sondern dafür, die Ordnung zu beachten; sie versucht nicht, den Gegner niederzuringen, sondern Toleranz zu üben und Zugeständnisse zu machen.

Der obig genannte Begriff „Das Tao des Himmels" ist im Taoismus ein sinngleiches Wort zu „Tao", d. h., das Tao des Himmels stellt die Substanz und das allgemeine Bewegungsgesetz aller Dinge im Kosmos dar. Nach dem Taoismus ist das Tao des Himmels der höchste Herrscher. Konfuzius redet ganz selten vom Tao des Himmels, das bei ihm normalerweise jedoch nur den Willen des Himmels oder das Schicksal bedeutet. Die Ideen-Schule des Neokonfuzianismus versteht unter dem Wort „das Tao des Himmels" das konfuzianische Sittengesetz, nämlich die Himmels-Idee.

Im bestimmten Sinne ist die Überbewertung des Tao des Himmels und die Geringschätzung der Freiheit des Menschen sehr charakteristisch für die chinesische Philosophie. Der Ausgangspunkt der chinesischen Philosophie ist nicht die Freiheit: Der Konfuzianismus geht von Gefühlen wie Eltern- und Kinderliebe und von Tugenden wie Humanität und Pflichtbewußtsein aus. Im Taoismus ist das Tao der Herrscher über alles. Zwar fordert der Taoismus ein freies und ungezwungenes Verhalten der Menschen, unbelastet von Sorgen und materiellen Verlockungen, doch bedeutet das nicht, daß man alles tun darf, was man gerade will. Vielmehr muß das Tao, als das Naturgesetz, stets befolgt werden (die freie Auswahl oder freie Tat, jedoch die dem Naturgesetz oder dem ökologischen Gleichgewicht in der Natur widerspricht, bekämpft der Taoismus konsequent). Laotse sagt: „Des Himmels Netz [nämlich Tao] ist grobmaschig, und doch entgeht ihm keiner" (Tao Te King, Kap. 73). Darum: „Der Mensch richtet sich nach der Erde. Die Erde richtet sich nach dem Himmel. Der Himmel richtet sich nach dem Tao. Das Tao richtet sich nach sich selber" (ebd., Kap. 25). Hieraus kann man ersehen: Was beim Taoismus als das Wichtigste gilt, ist nicht der Begriff der Tat-Freiheit, sondern Einfachheit, Gelassenheit, Still-Sein und nicht nach persönlichem Ruhm und Wohlstand zu streben. Der Buddhismus behauptet zwar einerseits, daß die Unbeständigkeit das Wesen der Wirklichkeit darstellt und daß jedes Ding und jede Sache nur durch zufällige Kombination der Faktoren zustande kommt; andererseits erkennt er jedoch das Karma an, nämlich eine notwendige Verbindung zwischen Diesseits und Jenseits.

Der Begriff „Freiheit", wie in der abendländischen neuzeitlichen Philosophie, ist für die chinesische traditionelle Kultur fremd. In der chinesischen Philosophie wird großer Wert entweder auf das höchste Prinzip (Tao im Taoismus) oder auf das Sittengesetz (im Konfuzianismus) gelegt. Es ist nicht schwer zu verstehen, daß diese Philosophie hauptsächlich auf die Beruhigung der Öffentlichkeit und Stabilisierung der gesellschaftlichen Ordnung zielt.

An dieser Stelle möchte ich einige Worte von Li Dazhao (1889–1927) anführen. Li Dazhao ist ein bedeutender Vertreter der Neue-Kultur-Bewegung (1915–1919) und der Vierter-Mai-Bewegung

(1919). In dem Geist „Zerschlagt die Clique der Kung-Familie" hat er die chinesische traditionelle Kultur beurteilt, deshalb ist es selbstverständlich, daß seine Meinungen, allgemein gesagt, als recht radikal zu empfinden sind. Trotzdem lohnt es sich hier, seinen Vergleich zwischen der östlichen und westlichen (genau gesagt: abendländischen) Kultur heranzuziehen. Li Dazhao sagt: „Die östliche Kultur ist ruhende Kultur, während die westliche Kultur bewegende Kultur ist" (vgl. Yan Beiming 1984, S. 681). Die ruhende Kultur zeichnet sich dadurch aus, die Natur nicht zu bezwingen, sondern sich ihr anzupassen. Nach Li Dazhao ist der Unterschied zwischen ruhender und bewegender Kultur folgenderweise zu bezeichnen: „Die erstere ist natürlich, die letztere ist künstlich; die erstere ist ruhig, die letztere ist kämpferisch; die erstere ist passiv, die letztere ist aktiv; die erstere ist abhängig, die letztere ist unabhängig; die erstere wiegt sich in einem faulen Frieden, die letztere ist stürmisch vorwärtsstrebend; die erstere hält an Überliefertem fest, die letztere ist schöpferisch; die erstere ist konservativ, die letztere ist fortschrittlich; die erstere ist instinktiv, die letztere ist verständig; die erstere ist meditativ, die letztere ist realistisch; die erstere ist künstlerisch, die letztere ist wissenschaftlich; die erstere ist geistig, die letztere ist materiell; die erstere ist seelisch, die letztere ist körperlich; die erstere richtet sich nach dem Himmel, die letztere stützt sich auf die Erde; nach der ersteren herrscht die Natur über die Menschen, nach der letzteren machen sich die Menschen die Natur untertan" (ebd.).

Der Geist der chinesischen Philosophie hat auch einen tiefen Einfluß auf die traditionelle Schicksalsauffassung der Chinesen:

Erstens: Man soll sein Schicksal erkennen, anerkennen, mit ihm zufrieden sein und sich mit innerer Ruhe ganz seiner Arbeit widmen.

Konfuzius sagt: „Wer den Willen des Himmels nicht kennt, kann kein Edler sein" (Gespräche des Konfuzius, Kap. XX,3). In „Zhuang Zi" heißt es auch: „Die höchste Tugend ist, sein unabwendbares Schicksal zu erkennen und sich darein zu ergeben" (Zhuang Zi, Buch IV, Ren Shi Jian [in der Menschenwelt]; Wilhelm, S. 64).

Selbst wenn man sich in einer unangenehmen oder schwierigen Lage befindet, soll man trotzdem in gelassener hoffnungsvoller Stimmung sein, wie Konfuzius sagt, „zwar arm, aber fröhlich" (Gespräche des Konfuzius, Kap. I, 15). Konfuzius führt seinen Schüler Yan Hui als Beispiel an: „Wie tugendhaft war doch Yan Hui! Nur eine Schüssel voll Reis und eine Kürbisschale voll Wasser, in einer elenden Gasse – andere Menschen würden ein so trauriges Leben gar nicht aushalten. Hui hingegen bewahrte seine Fröhlichkeit. Hui war doch wirklich ein guter Mensch!" (Ebd., Kap. VI, 9)

Zweitens: Man kann und soll auf gerechtem Weg seine schlechte Situation verändern und nach seinem Glück jagen.

Konfuzius sagt: „Reichtum und Ansehen – das wünschen sich die Menschen ... Armut und Niedrigkeit – das hassen alle Menschen" (ebd., Kap. IV, 5); „wenn der Reichtum [rechtens] erjagt werden könnte, so würde ich mich darum bemühen, selbst wenn ich dafür als Reitknecht dienen müßte" (ebd., Kap. VII, 11). Die Voraussetzung ist aber, auf anständige Weise zu handeln. „Wenn ich den Reichtum nicht [auf rechtem Weg] erjagen könnte, dann folge ich meinen eigenen Neigungen" (ebd., Kap. VII, 11); „Einfachste Nahrung, Wasser als Trank und den gebogenen Arm als Kissen – auch dabei kann man fröhlich sein. Hingegen sind unrechtmäßig erworbene Reichtümer und Ehren für mich nur flüchtige Wolken" (ebd., Kap. VII.15).

Aus dieser Schicksalsauffassung ergeben sich einige typische Charaktere des Menschen: Duldung, Genügsamkeit, Fleiß, Optimismus und Aufrichtigkeit.

Die chinesische Philosophie legt also, wie zu erkennen ist, großen Wert auf die Interessen der Ganzheit, auf die Welt der „Großen Harmonie". Freilich: Nicht alles, was in der chinesischen Philosophie enthalten ist, kann für unsere gegenwärtige Gesellschaft gelten. Aber andererseits hat die Geschichte der Menschheit schon bewiesen: In einem sich durch Selbstbestimmung, Selbstsetzung und freie Schöpfungen auszeichnenden Zeitalter wie dem unserem hat allein der absolute Individualismus, der sich seit dem Zusammenbruch der Hegelschen Philosophie der objektiven Vernunft und seit der Entstehung der irrationalistischen Strömungen schnell verbreitet hat, uns weder in einer glücklichen und friedlichen Gesellschaft leben lassen noch der Menschheit bessere Perspektiven gezeigt. Daher ist eine neue Philosophie erforderlich, die darauf zielt, die zu beobachtende Entwicklungsrichtung der Gesellschaft umzukehren. Diese neue Philosophie setzt sich dafür ein, das Extrem sowohl des Totalitarismus als auch des Egoismus zu überwinden, nicht nur die Rechte und Interessen des Individuums hervorzuheben, sondern auch die Verbindlichkeit und Verpflichtungen der Gesellschaft und anderen Menschen gegenüber zu beachten, um also einen Mittelweg zu gehen und einen Beitrag zum Wohl der Menschheit zu leisten. Eine solche neue Philosophie steht vor der historischen Aufgabe, der Menschheit einen Weg zu Glück und Licht zu bahnen. Sie muß das historische und kulturelle Erbe der Menschheit auf seine Intelligenz hin untersuchen und sich davon inspirieren lassen. Zu diesem Erbe des Geistes zählt gerade auch die umfassende und tiefschürfende chinesische Philosophie, welche der Harmonie und der Einheit des Ganzen sowie den freundschaftlichen einträchtigen Beziehungen zwischen den Menschen große Aufmerksamkeit schenkt.

Geistes- und Charaktervervollkommnung

Die Geistes- und Charaktervervollkommnungstheorie beim Konfuzianismus und Taoismus

Sowohl das konfuzianische Bewußtsein der Ehrfurcht gegenüber den Alten als auch die taoistische Idee von „Toleranz-Üben" und „Zugeständnisse-Machen" gehören nicht zu den Religionen, auch nicht zum Gesetz, sondern sind eine durch die Geistes- und Charaktervervollkommnung erworbene innere Tugend des Menschen. Nach den Chinesen der alten Zeit macht der moralische Geist eine sehr starke Kraft zur Aufrechterhaltung der zwischenmenschlichen Beziehungen aus. Wer von diesem moralischen Geist durchdrungen ist, genießt innere Ausgeglichenheit und Seelenfrieden, und auf diesem Weg bildet sich die Gesellschaft zu einem harmonischen und einheitlichen Ganzen. Die Geschichte der Menschheit hat bewiesen, daß die Menschen nur dann eine aussichtsreiche Zukunft haben, wenn zur Idee der Herrschaft durch Gesetze, die auf vernünftigem Denken basieren, die Idee der Vervollkommnung des Geistes und des Charakters, wie sie die chinesische traditionelle Kultur hervorhebt, hinzukommt.

In der chinesischen Philosophie wird größter Wert auf die Geistes- und Charaktervervollkommnung des Individuums gelegt. Konfuzius sagt: „Mich nicht in den Tugenden vervollkommnen zu können; nicht anderen erklären zu können, was ich erlernt habe; die Pflichten erkannt zu haben und ihnen dennoch nicht nachkommen zu können; zu wissen, was nicht gut an mir ist, und dennoch mich nicht ändern zu können – das ist es, was mir Sorge bereitet“ (Gespräche des Konfuzius, Kap. VII, 3); „Sich das Ziel in dem rechten Weg setzen, sich an der Tugend ausrichten, sich auf die Humanität stützen, sich mit der Kunst vertraut machen“ (ebd., Kap. VII, 6). In „Die große Lehre“ heißt es: „Darum: Der Edle geht zuerst an die Tugenden sorgfältig und behutsam heran. Zunächst muß er die Tugenden haben, dann kann er ein Mensch geheißen werden. Zunächst muß er ein Mensch sein, dann kann er ein Feld haben. Zunächst muß er das Feld haben, dann kann er ein Vermögen besitzen. Zunächst muß er das Vermögen besitzen, dann kann er wissen, wozu es zu brauchen ist. Die Tugenden sind das Wesentliche der Sache, während das Vermögen das Unwesentliche ist. Äußerlich herrscht das Wesentliche, aber innerlich das Unwesentliche, dann kämpft das miteinander ringende Volk nur für das Vermögen.“ Laotse sagt auch: „Wer selber den Geist und Charakter vervollkommnet, dessen Tugend wird wahrhaft sein“ (Tao Te King, Kap. 54). Daraus ist klar zu sehen, daß sich der Konfuzianismus und der Taoismus in der Betonung der Geistes- und Charaktervervollkommnung grundsätzlich nicht voneinander unterscheiden. Der Unterschied zwischen beiden besteht nur in ihrem unterschiedlichen Verständnis der Bedeutungen der Tugend und in ihren Erklärungen vom Zweck und der Methode der Geistes- und Charaktervervollkommnung:

Erstens: Unter der Tugend versteht der Konfuzianismus die Humanität, Gerechtigkeit, Höflichkeit und Weisheit.

Diese moralischen Ideen sind nach ihm nicht etwas, was man von außen her erworben hat, sondern die angeborenen Eigenschaften der Menschheit. Menzius sagt: „Humanität, Gerechtigkeit, Höflichkeit und Weisheit sind nicht von außen her uns eingetrichtert, sie sind unser ursprünglicher Besitz" (Menzius, Gao Zi, Teil 1; Wilhelm, S. 163). Deswegen stellt Menzius die Lehre „Mensch von Natur gut" auf: „Die menschliche Natur neigt zum Guten, wie das Wasser nach unten fließt. Unter den Menschen gibt es keinen, der nicht gut wäre, ebenso wie es kein Wasser gibt, das nicht nach unten fließt" (ebd., Wilhelm, S. 160). Nur wenn man versucht, sich tiefgreifend zu bilden, seine Persönlichkeit zu erhalten und seinen Charakter zu kultivieren, dann kann man seine individuellen Begierden und Vorurteile hinter sich lassen und seine eingewurzelten Ideen (Humanität, Gerechtigkeit, Höflichkeit und Weisheit) nach außen wenden. Ganz anders verhält es sich im Taoismus. Unter der Tugend versteht er Still-Sein und Nicht-Eingreifen. Nach Laotse ist nur die Tugend, die aus der Natur kommt und nicht äußerlich erworben werden kann, die höchste Tugend. Sich natürlich und ungekünstelt zu verhalten, ist eben diese höchste Tugend: „Wer in Wirklichkeit die höchste Tugend besitzt, scheint jedoch immer von der Tugend nicht zu wissen. Aber darum hat er die Tugend. Wer nur die niedere Tugend besitzt, sucht immer die Tugend nicht zu verlieren. Eben daher mangelt ihm die Tugend. Wer die Tugend hochhält, greift nicht ein und hat auch keine Absichten. Wer die niedere Tugend besitzt, greift ein und hat auch Absichten" (Tao Te King, Kap. 38).

Zweitens: Der Konfuzianismus ist der Meinung, daß der Zweck der Geistes- und Charaktervervollkommnung des Individuums darin besteht, der ganzen Welt Frieden zu bringen.

Deshalb heißt es in „Die große Lehre“: „Umgang mit den Dingen, Gewinnung der Erkenntnis, Festigung des Willens, Verbesserung der Geisteshaltung, Geistes- und Charaktervervollkommnung, Regelung des Hauswesens, Regierung des Staates, Herstellung der Weltfriedensordnung“. Die Weltfriedensordnung kann laut dem Konfuzianismus nur dann geschaffen werden, wenn jeder seine eigene Person vervollkommnet. Der Taoismus behauptet dagegen, daß die Geistes- und Charaktervervollkommnung selber Hauptsache ist und die Staatsordnung nur sekundär. In „Zhuang Zi“ heißt es: „Mit der Quintessenz des Tao vervollkommnet man seine eigene Person. Mit dem Rest des Tao tut man etwas für den Staat. Mit dem Geringsten tut man etwas für die Weltordnung“ (Zhuang Zi, Buch XXVIII, Rang Wang, keine Übersetzung von Wilhelm).

Drittens: Was die Methode der Geistes- und Charaktervervollkommnung betrifft, so fordert der Konfuzianismus das Lernen (der Sitten).

Konfuzius sagt: „Lernen, ohne Überdruß zu empfinden, andere unterweisen, ohne dabei zu ermüden“ (Gespräche des Konfuzius, Kap. VII, 2). Um die Vollkommenheit der moralischen Anlagen erreichen zu können, muß man, meint er, sogar im Lernen die Mühe und Arbeit seines ganzen Lebens investieren. Dagegen verlangt der Taoismus, nicht das Lernen zu betreiben, sondern dem Tao zu folgen und es zu erreichen: „Wer das Lernen betreibt, der vermehrt (das Gelernte) täglich. Wer das Tao betreibt, der vermindert (die Begierden) täglich“ (Tao Te King, Kap. 48); „Brich ab das Lernen, so bist du sorgenfrei“ (ebd., Kap. 20). Nur durch die Abkehr vom Lernen und die Verneinung der Vorschriften der äußeren starren Sitten und Konvention und durch die Ausstrahlung seines eigenen natürlichen ursprünglichen ruhevollen Seins kann man seine eigene Person vervollkommnen. Einfachheit und Einfalt machen die Menschen glücklich und verschaffen ihm Seelenfrieden. Wie aber gelangt man zum Tao? Zhuang Zi empfiehlt die sogenannte

„Leerung des Herzens" – eine geistige Übungsmethode, mit der das Denken und die Begierden ausgeschlossen werden können. Die konkrete Weise heißt „Sitzen-Vergessen": ein Bewußtseinszustand, in dem man, aufrecht sitzend, alle Unterschiede zwischen Ding und Ich, Objekt und Subjekt, Gutem und Bösem total vergißt. In „Zhuang Zi" heißt es: „Ich habe meine Glieder dahinten gelassen, meine Intelligenz abgestellt. Fern vom Leib und frei vom Wissen bin ich eins mit dem All geworden. Das heißt Sitzen-Vergessen" (vgl. Zhuang Zi, Buch VI, Da Zong Shi; Wilhelm, S. 95). Mit anderen Worten: Nur indem ich sowohl die vom Konfuzianismus geforderte Humanität, Gerechtigkeit, Höflichkeit, Weisheit und musikalische Harmonie als auch meinen eigenen Körper und Gedanken ganz vergesse, kann ich nach innen mich selber nicht mehr fühlen, nach außen die objektive Welt nicht mehr wahrnehmen und dann in das All, in dem alles mit mir eins ist, aufgehen. Laotse ist ähnlicher Meinung: „[Der heilige Mensch] versperrt seinen Zugang, verschließt seine Pforten, schabt ab seine Schärfen, löst auf seine Wirren, vereint sich mit dem Licht, vermischt sich mit dem Staub, das heißt mystische Vereinung [mit dem Tao]" (Tao Te King, Kap. 56). Das bedeutet also: Man soll seine Sinnesorgane stillegen, den Unterschied zwischen Recht und Unrecht aus der Welt schaffen und sich an die Natur anpassen, nur so kann man eine harmonische Verbindung mit dem Tao eingehen und damit das Tao und alles auf der Welt im wesentlichen erfassen.

Obgleich es in der Frage der Geistes- und Charaktervervollkommnung einen Meinungsunterschied zwischen Konfuzianismus und Taoismus gibt, sind sich dennoch beide in der Betonung der engen Verbindung zwischen der Geistes- und Charaktervervollkommnung und dem Regieren des Staates ganz einig. Nach dem Konfuzianismus setzt die Entstehung eines durch die Tugend regierten Staates die Formung des noblen moralischen Charakters jedes Individuums (nämlich der Besitz des Gefühls der Ehrfurcht und Nachsicht) voraus. Menzius sagt: „Man spricht beständig von Welt, Staat und Familie. Die Wurzeln des Weltreichs sind im Einzelstaat, die Wurzeln des Staates sind in der Familie. Die Wurzeln der Familie sind in der einzelnen Person“ (Menzius, Li Lou, Teil 1; Wilhelm, S. 115). In „Die große Lehre“ heißt es: „Ehe die Alten die lichte Tugend offenbar machen wollten in der ganzen Welt, ordneten sie zuerst ihren Staat. Ehe sie ihren Staat in Ordnung bringen wollten, bestellten sie ihr Haus. Ehe sie ihr Haus bestellen wollten, vervollkommneten sie zuvor ihre eigene Person ...“. Das heißt: Der Anfang muß bei sich selbst gemacht werden, im eigenen Inneren. Auf die Beziehung zwischen der Geistes- und Charaktervervollkommnung und dem Regieren des Staates legt auch der Taoismus großen Wert. Laotse sagt: „Wer selber den Geist und Charakter vervollkommnet, dessen Tugend wird wahrhaft sein. Wenn diese Geistes- und Charaktervervollkommnung in der Familie beachtet wird, wird diese Tugend völlig sein. Wenn sie in der Gemeinde beachtet wird, wird die Tugend beständig sein. Wenn sie im ganzen Land beachtet wird, wird die Tugend reich sein. Wenn sie in der ganzen Welt beachtet wird, wird die Tugend allumfassend sein. Darum: Nach eigenem Selbst beurteilt man anderer Selbst. Nach eigener Familie beurteilt man die anderen Familien. Nach eigener Gemeinde beurteilt man die anderen Gemeinden. Nach eigenem Land beurteilt man die anderen Länder. Nach eigener Welt beurteilt man das ganze Universum“ (Tao Te King, Kap. 54).

Auch auf die Verbindung zwischen der Vervollkommnung des Geistes und des Charakters und dem Glück des Individuums wird im Konfuzianismus wie im Taoismus großes Gewicht gelegt. Das Glück des Menschen ergibt sich nämlich der chinesischen Philosophie zufolge notwendig aus seiner Geistes- und Charaktervervollkommnung; je gründlicher diese ist, desto größeres Glück kann er genießen. Drei Arten des Glückes kennt die chinesische Philosophie:

Das Glück aus der Sinnenwelt:

Dieses Glück hat wenig mit der Geistes- und Charaktervervollkommnung zu tun. Sowohl der Konfuzianismus als auch der Taoismus legen keinen Wert auf das Glück aus der Verbesserung des materiellen Lebens, sondern betonen „ein vom materiellen Leben unabhängiges Glück der inneren geistigen Welt des Menschen". Konfuzius sagt: „Der Edle strebt nach dem rechten Weg, nicht nach den Speisen. Wer ackert, kann trotzdem Hunger leiden. Wer hingegen lernt, kann ein Amtsgehalt bekommen. Deswegen ist der Edle besorgt um den rechten Weg. Armut bekümmert ihn nicht" (Gespräche des Konfuzius, Kap. XV, 32); „Einfachste Nahrung, Wasser als Trank und den gebogenen Arm als Kissen – auch dabei kann man fröhlich sein. Hingegen sind unrechtmäßig erworbene Reichtümer und Ehren für mich nur flüchtige Wolken" (ebd., Kap. VII, 15). Zhuang Zi sagt auch: „Was man auf Erden hochzuhalten pflegt, ist Reichtum, Ehre, langes Leben, Tüchtigkeit. Was man für Glück zu halten pflegt, ist ein gesunder Leib, Genüsse der Nahrung, schöne Kleider, Augenlust und die Welt der Töne. Was man für unwert hält, ist Armut, Niedrigkeit, früher Tod und Schlechtigkeit. Was man für Unglück hält, ist, wenn der Leib nicht sein Behagen findet, wenn der Mund nicht seine Genüsse findet, wenn man sich nicht in schöne Kleider hüllen kann, wenn man sich nicht ergötzen kann an schönen Farben und der Welt der Töne. So härmen die, denen diese Dinge nicht zuteil werden, sich mit viel Kummer und Furcht ab. Ist ihre Gesundheitspflege unter diesem Umstand nicht lächerlich? Die Reichen mühen sich ab in harter Arbeit und sammeln viele Schätze, die sie doch nicht aufbrauchen können. Ist ihre Gesundheitspflege unter diesem Umstand nicht laienhaft? Die Vornehmen fügen die Nacht zum Tag, um darüber nachzudenken, ob sie Beförderung erlangen können oder nicht. Ist ihre Gesundheitspflege unter diesem Umstand nicht auch laienhaft? Bei der Geburt des Menschen wird das Leiden zugleich geboren. Erreicht daher einer ein hohes Alter, so wird er nur stumpf und schwachsinnig, und sein langes Leid stirbt nicht. Was ist das für eine Bitternis! Bleibt seine Gesundheitspflege unter diesem Umstand nicht fern vom Ziel? Helden gelten auf Erden für tüchtig, aber sie sind nicht imstande, ihr eigenes Leben zu wahren. Ich weiß nicht, ob diese ihre Tüchtigkeit in Wahrheit Tüchtigkeit ist, oder ob sie in Wahrheit

Untüchtigkeit ist. Will man sie als tüchtig bezeichnen, so steht dem entgegen, daß sie nicht imstande sind, ihr eigenes Leben zu wahren; will man sie andererseits als untüchtig bezeichnen, so steht dem entgegen, daß sie imstande sind, andere Menschen Leben zu wahren ... Nun weiß ich nicht, ob das, was die Welt tut, was sie für Glück hält, tatsächlich Glück ist oder nicht. Wenn ich das betrachte, was die Welt für Glück hält, so sehe ich wohl, wie die Menschen in Herden diesem Ziele nachstreben und ihr Leben in die Schanze schlagen, als könnte es nichts anders sein, und alle sprechen, das sei das Glück ..." (Zhuang Zi, Buch XVIII, Zhi Le; Wilhelm, S. 194–195). Laut Zhuang Zi liegt das Glück eben überhaupt nicht in diesen Dingen.

Unter dem Einfluß eines solchen Leitgedankens hat sich in der chinesischen Philosophie eine Tradition gebildet: Man betont nur die Geistes- und Charaktervervollkommnung (nämlich die inneren Erkenntnisse) aber vernachlässigt die Naturforschung (die äußeren Erkenntnisse). Die chinesischen Philosophen legen Gewicht nicht darauf, die Natur als Erkenntnisobjekt zu betrachten und die Naturwissenschaften und Technik zu entwickeln, um die Natur zu erkennen und umzugestalten, sondern darauf, die Einheit von Mensch und Natur zu erfassen und die unendliche Schönheit der Natur in vollen Zügen zu genießen, um dadurch die Ausbildung eines guten Charakters fördern zu können. Zhang Zhidong (1837–1909), militärischer Minister der Qing-Dynastie, war der Meinung: „Die chinesische traditionelle Lehre ist Innen-Lehre. Die westliche Lehre ist Außen-Lehre. Die chinesische traditionelle Lehre behandelt das Problem von Leib und Seele. Die westliche Lehre beantwortet die Frage der Gesellschaft und Natur" (vgl. Yan Beiming 1984, S. 152). Nach Zhang Zhidong lehrt die chinesische traditionelle Lehre alle Menschen, die voller Vitalität und Energie sind, die moralischen Grundregeln und Grundtugenden, so daß sie die zwischenmenschliche Harmonie beachten und ihre Nächsten verehren können. Diese chinesische Lehre, die große positive Wirkung auf die Vervollkommnung von Leib und Seele der Menschen üben kann, ist in China mehr als ein paar tausend Jahre lang angewendet worden und hat sich nie geändert; sie wird Innen-Lehre genannt. Die westliche Lehre wird zwar von den sog. Westlichen (Bezeichnung für Europäer und Amerikaner) hervorgebracht, in Naturwissenschaft und Technik aber so bedeutsam, daß sie China dringend benötigt; sie wird Außen-Lehre genannt. Zhang Zhidong tritt auch für die These ein: „Die chinesische Lehre ist für die Substanz zu halten und die westliche Lehre ist gelegentlich anzuwenden." In der chinesischen traditionellen Lehre ist die höchste Wahrheit weder durch allgemeine Erfahrungen noch durch tiefgreifende Vernunft, sondern nur durch einen besonderen Instinkt zu durchschauen. Durch direkte Erfassung dieser Wahrheit erreicht man einen Zustand der Einheit von Subjekt und Objekt, Mensch und Himmel, und zwar nicht durch die Stärke des scharfen Verstandes, sondern durch die Reife und Vollkommenheit der Tugend.

Das Glück aus der inneren geistigen Welt:

Dieses vom Konfuzianismus hervorgehobene Glück ist nur durch persönliche Geistes- und Charaktervervollkommnung zu erreichen[1]. Nur wenn man durch diese Vervollkommnung seine angeborenen Tugenden wie Humanität, Gerechtigkeit, Höflichkeit, Weisheit und Zuverlässigkeit nach außen entfaltet [Menzius sagt: „In Armut darf man nur sein eigenes gutes Wesen bewahren. In guten Verhältnissen soll man gleichzeitig die ganze Welt erhöhen" (Menzius, Jin Xin, Teil 1; Wilhelm, S. 186)] und am Prinzip von Maß und Mitte festhält [Konfuzius sagt: „Freude ausdrücken, ohne Zügellosigkeit zu preisen; Trauer ausdrücken, ohne das Herz zu verwunden" (Gespräche des Konfuzius, Kap. III, 20)], dann kann man bestimmt in Glück leben und alle Sorgen vergessen. Konfuzius sagt: „Wer gütig ist, der grämt sich nicht" (ebd., Kap. IX,28).

Das höchste Glück:

Dieses vom Taoismus befürwortete Glück ist nur durch intensivste Geistes- und Charaktervervollkommnung zu erreichen. Dadurch kann man einen Zustand erreichen, in dem man nicht wirken bzw. nicht eingreifen will. Der geistige Zustand von Nicht-Eingreifen kann also alle Besorgnisse und Ängste ausschließen. Zhuang Zi sagt: „Ich halte das Nicht-Eingreifen für wahres Glück, also gerade das, was die Welt jedoch für die größte Bitternis hält. Darum heißt es: Höchstes Glück ist Abwesenheit des Glückes, höchster Ruhm ist Abwesenheit des Ruhms ... Höchstes Glück und Wahrung des Lebens ist nur durch Nicht-Eingreifen zu erhoffen" (Zhuang Zi, Buch XVIII, Zhi Le; Wilhelm, S. 195).

Der Zen-Buddhismus und dessen Geistes- und Charaktervervollkommnungstheorie

Geistes- und Charaktervervollkommnung als eine philosophisch praktische Methode wird nicht nur vom Konfuzianismus und Taoismus beachtet, sondern auch vom Buddhismus, der in der Zeit der Han-Dynastie, genau gesagt im Jahre 67 n. Chr. in China eindrang und fast auf das ganze asiatische Gebiet bedeutenden Einfluß ausgeübt hat. Die Zen-Philosophie als eine der wichtigsten Richtungen des chinesischen Buddhismus zeichnet sich gerade durch ihre Lehre der Geistes- und Charaktervervollkommnung aus.

Warum legt der Buddhismus großen Wert auf die Geistes- und Charaktervervollkommnung?

Wie bekannt, stellt der Buddhismus, der sich über den größten Teil Asiens ausgebreitet hat, eine der drei großen Weltreligionen (neben Christentum und Islam) dar. Der Überlieferung nach wurde er im 6. Jh. v. Chr. von dem altindischen Prinzen Siddhartha Gautama (560–480 v. Chr.) aus dem Staat Kapilavastu gegründet. Buddha (altind.: „der Erwachte", „der Erleuchtete") ist der Ehrentitel von Siddhartha Gautama. Die grundlegende Theorie des Buddhismus lautet:

Erstens: Unbeständigkeit stellt das Wesen der Wirklichkeit dar.

In der Welt gibt es keine ewigen unvergänglichen Substanzen, keinen persönlichen Weltherrn, kein unpersönliches Absolutes, das als Urgrund des Kosmos die Entwicklung der Welt festsetzt. Jedes Ding, jedes Individuum kommt durch die zufällige Kombination der Faktoren zustande, die voneinander unabhängig entstehen und wieder vergehen. Daher ist alles auf der Welt leer.

Zweitens: Leiden macht das Wesen des Lebens aus.

Das Leben des Menschen ist von Kummer durchdrungen. Das Leiden und der Kummer werden von der Begierde verursacht. Nur die Beseitigung der Begierde kann das Leiden und den Kummer aufheben.

Drittens: Niemand kann sich dem Gesetz des Karmas entziehen.

Die Seele des Menschen ist unsterblich. Der Mensch hat eine frühere, gegenwärtige und nächste Existenz. Reichtum und Ruhm oder Armut und Einfachheit seiner gegenwärtigen Existenz ist das Ergebnis aus dem Vergeltungsprozeß der guten oder schlechten Taten seiner früheren Existenz. Die schlechten Taten seiner gegenwärtigen Existenz führen dann zu einer Strafe in seiner nächsten Existenz. In seiner nächsten Existenz kann der Mensch auch zu einem Tier werden. Das ist die sogenannte Seelenwanderung, nämlich: Die Seele kann nach dem Tod des Körpers in ein anderes Geschöpf (Mensch in höherem oder niederem Stande, Tier höherer oder niederer Gattung) übergehen, in ihm also wiedergeboren werden. Diese Seelenwanderung dauert wie ein sich drehendes Rad unendlich und bringt dem Menschen endlosen Kummer, wenn er nicht versucht, sich zu erlösen.

Viertens: Um dieser unbeständigen leeren Welt zu entsagen, um jede Begierde zu beseitigen und damit das Leiden aufzuheben, und um sich dem Karma zu entziehen und die Selbstentäußerung aus dem Kreislauf von Geburt und Tode zu realisieren, muß man bestrebt sein, in das Nirvana einzugehen (nämlich letztlich Buddha zu werden).

Das Nirvana, ein Zustand des endgültigen Erlöschens, zeichnet sich durch das Verschwinden von Leben und Tode, von Kummer und Leiden aus.

Fünftens: Es gibt nach dem Buddhismus viele Wege zum Nirvana: Almosenspenden, Ertragen von Schmach und Schande, Befolgen von

Geboten, Wissen, Strebsamkeit und Zen (nach der Lautumschrift der chinesischen Sprache: Chan), nämlich anhaltende kontemplative Selbstversenkung.

Das Zen ist also eine buddhistische Methode der Geistes- und Charaktervervollkommnung zur Erreichung des Nirvana. Die Zen-Praxis besteht in der ruhig sitzenden Kontemplation, in der Ausbildung der Haltung der Bewußtseinsausrichtung auf ein einziges Gegenstandsgebiet, in dem Vermögen zur Ablenkung von Besorgnis und Bedenken, in der Umwandlung der logischen Denkweise in die unmittelbare Wahrnehmung und Identifikation mit der Umgebung und letztlich in der intuitiven Erleuchtung des Geistes.

Die Geistes- und Charaktervervollkommnungsmethode des Zen-Buddhismus

Der Zen-Buddhismus ist eine der Richtungen des chinesischen Buddhismus. Er heißt deshalb Zen-Buddhismus, weil er sich von Anfang an hauptsächlich mit der religiösen Meditationsübung (Zen) befaßte.

Diese Schule wurde 520 n. Chr. von dem indischen Patriarchen Bodhidharma (?–528 oder 536 n. Chr.) begründet, der in China die Zen-Methode lehrte. Von Bodhidharma über Hui Ke (487–593), Seng Can (?–606), Dao Xin (580–651) bis Hong Ren (602–675) in der fünften Generation spaltete sie sich dann in zwei Richtungen: die Lehre von allmählicher Einsicht (der buddhistischen Wahrheit) des Shen Xiu (ca. 606–706) in Nordchina, und die Lehre von plötzlicher Erleuchtung (der buddhistischen Wahrheit) des Hui Neng (638–713) in Südchina.

Die Lehre von allmählicher Einsicht des Shen Xiu (Nördliche Richtung):

Shen Xiu lehrt, daß jeder Mensch eine friedliche und stille Seele besitzt, nämlich die Natur des Buddha. Diese Seele wird im Laufe des Lebens mit Begierde und Besorgnis konfrontiert und kann deswegen nicht zum Vorschein kommen, genau wie die Sonne, die von dunklen Wolken bedeckt wird, nicht strahlen kann. Nur wenn die

Begierde beseitigt und damit Besorgnis und Leiden aufgehoben werden, kann die eigentliche Natur der Seele des Menschen hervortreten. Um dies erreichen zu können, muß man über Jahre hinweg die kanonischen Schriften des Buddhismus lesen und singen und sich mit der ruhig sitzenden Kontemplation befassen. Diese Nördliche Richtung, die der Zen-Praxis besondere Aufmerksamkeit schenkte, breitete sich nachher jedoch nicht mehr aus.

Die Lehre von plötzlicher Erleuchtung des Hui Neng (Südliche Richtung):

Hui Neng war ein hoher buddhistischer Priester aus der Tang-Zeit und der sechste Meister des Zen-Buddhismus. Er begründete die Südliche Richtung, die später zur Orthodoxie des Zen-Buddhismus wurde. Diese Richtung klammert die sitzende Kontemplation weitgehend aus. Was sie hervorhebt, sind nicht komplizierte religiöse Riten, das Singen von Sutras, die Anbetung Buddhas, das Spenden von Almosen, das Befolgen von Geboten oder die Erbauung von Tempeln, sondern die einfache plötzliche Erleuchtung.

Nach Hui Neng ist das einzige, was dem Menschen wesentlich angeboren ist, die Natur des Buddha: „Die Natur des Buddha ist nach innen im Charakter des Menschen zu suchen, nicht nach außen“[2]. „Es ist zu wissen, daß sich der Narr in der Natur des Buddha eigentlich überhaupt nicht von dem Weisen unterscheidet. Nur: der erstere ist im unklaren, so ist der dumm; der letztere ist erleuchtet, so ist der weise“ (Hong Pimo 1994, S. 276). „Wenn wesenserleuchtet, dann sind alle Kreaturen Buddha. Wenn nicht erleuchtet, dann gleicht Buddha allen Kreaturen“ (ebd., S. 315). Das heißt: Alle Kreaturen besitzen die Natur des Buddha, die für alle ein und dieselbe ist, jeweils mit dem Unterschied aber, daß sich manche dieser Natur bewußt sind und manche nicht. Da Buddha im Herz jedes Menschen ist und jeder Mensch Buddha werden kann, sobald er erleuchtet ist, wendet sich der Zen-Buddhismus des Hui Neng gegen das Verbrennen von Weihrauchstäbchen und die Anbetung Buddhas. Eine Buddhafigur aus Lehm, so diese Zen-Richtung, ist vor Wasser nicht sicher, eine aus Holz nicht vor Feuer und eine aus Gold nicht vor dem Schmelzofen. Der einzig wahre Buddha, dem Wasser und Feuer, Wind und Regen nichts anhaben können, liegt im Inneren von uns selbst.

Es ergibt sich die Frage, wie der Mensch seine eigene Buddha-Natur erkennen kann und wie er diese plötzliche Wesenserleuchtung realisiert. Die Antwort, die die Südliche Richtung entwickelt hat, liegt darin, ohne Gedanken zu sein. Hui Neng meint: „Unter verschiedenen Umständen immer integer bleiben zu können, heißt, ohne Gedanken zu sein" (ebd., S. 286). „Ohne Gedanken sein" bedeutet nicht, daß sich der Mensch der Realität, der materiellen Welt und ihren Gegensätzen entzieht und jede sinnliche oder geistige Kontaktaufnahme verweigert, sondern daß er nicht von den Dingen beeinflußt wird, mit denen er umgeht. Er lebt zwar in der irdischen Welt, hängt aber nie mit der geringsten Faser seines Herzens an den materiellen Verlockungen. Was auch immer geschieht, seine Seele bleibt friedlich und still, sorgen- und gedankenlos. Eben diese stille und „leere" Seele repräsentiert die angeborene Eigenschaft des Menschen und den Zustand des Buddha (Das bedeutet eine Reform des Buddhismus. Denn nach den orthodoxen Ideen des Buddhismus stellt die Unbeständigkeit das Wesen der Wirklichkeit dar und daher ist alles auf der Welt leer. Aber gemäß dem Zen-Buddhismus des Hui Neng läßt sich die Existenz der objektiven materiellen Welt nicht so einfach negieren. Entscheidend ist, sich nicht den Sinnenfreuden zu ergeben und alle Spuren der sinnlichen Welt aus seinem Herzen zu tilgen. Also nicht die Sinnenwelt ist leer, sondern das Herz des Menschen soll „leer" gehalten werden).

Wan Biao (1498–1556), Philosoph aus der Ming-Dynastie, meint: Was die Zen-Lehre als das Wichtigste betont, ist, daß sich der Mensch stets bemühen muß, sein Herz vor den Störungen der Außenwelt zu bewahren. Die Reinheit und Ruhe seines Herzens muß so aufrechterhalten werden, daß es nie von äußeren Umständen beeinflußt wird. „Genau wie ein Spiegel: Der Spiegel kann Dinge spiegeln. Aber wenn die Dinge weg sind, dann ist das Spiegelbild auch verschwunden. Der Spiegel behält nichts in sich“ (Wan Biao: Wichtige Worte des Lu Yuan).

Eine Erzählung hierzu: Es waren einmal zwei Mönche – A und B –, die eine Reise machten. Plötzlich erreichten sie einen reißenden Fluß. Die einzige hölzerne Brücke war aber schon kaputt. Am Ufer des Flusses stand auch ein Mädchen, das gerade darum besorgt war, wie es den Fluß überqueren konnte. Mönch A ging zu diesem Mädchen und sagte: „Keine Sorge! Ich kann Sie in den Armen tragen und über den Fluß setzen.“ Das Mädchen genierte sich zwar sehr, aber es hatte keine andere Möglichkeit. In den Armen des Mönches A erreichte das Mädchen das andere Ufer. Es sagte den beiden Mönchen wieder und wieder Dank. Nach dem Abschied von dem Mädchen machten sich die Mönche weiter eilends auf den Weg. Aber diese Sache ging dem Mönch B immer im Kopf herum. Er konnte nicht verstehen, wie ein Mönch ein Mädchen in den Armen tragen durfte. Nach geraumer Zeit konnte er sich nicht mehr zurückhalten und fragte den Mönch A plötzlich: „Wir Mönche sollen weiblichen Reizen ausweichen. Aber wie haben Sie das Mädchen in den Armen tragen dürfen?“ Mönch A lachte laut: „Also! Als ich das Mädchen in die Arme nahm, legte ich es schon nieder. Aber Sie, haben Sie bis jetzt immer noch das Mädchen in den Armen gehalten?“

Noch ein Beispiel: Mönch Zhao Zhou (778–897) aus der Tang-Zeit genoß großes Ansehen. Eines Tages empfing er seine Schüler, darunter auch zwei junge Mönche, die gerade aus einem anderen Ort angekommen waren. Zhao Zhou fragte sie: „Waren Sie schon einmal bei mir?“ Die beiden Mönche antworteten: „Noch nicht.“ „Gut, dann gehen Sie bitte zunächst zum Tee-Trinken!“ sagte Zhao Zhou. Dann fragte er noch einen Mönch: „Waren Sie schon einmal bei mir?“ Dieser antwortete: „Ja, seit langem bin ich schon bei Ihnen.“ „Gut, dann gehen Sie auch zum Tee-Trinken!“ sagte Zhao Zhou. Der Haushälter des Tempels von Zhao Zhou fragte sofort: „Herr Lehrer! Die Neuankömmlinge sollen zuerst zum Tee-Trinken gehen. Das kann man verstehen. Aber warum soll ein alter Schüler von Ihnen auch zum Tee-Trinken gehen?" Zhao Zhou sagte: „Herr Haushälter!" Der Haushälter: „Ja, da bin ich!" Zhao Zhou: „Auch zum Tee-Trinken!"

In dieser Geschichte wird gezeigt, was „ohne Gedanken zu sein" überhaupt bedeutet. Als der Lehrer alle Schüler zum Tee-Trinken gehen ließ, dann sollten sie, ganz gleich wer die Neuankömmlinge oder wer die alten Schüler waren, ohne jeden Gedanken ihm unverzüglich folgen. Aber der Haushälter machte einen Unterschied zwischen Neu und Alt. Er hat zu viel gedacht, deswegen verfehlte er das Wesen des Zen.

Laut Hui Neng ist der Unterschied zwischen Hölle und Himmel, Diesseits und Jenseits, und Buddha ganz einfach: Wenn sich der Mensch in einem Augenblick der Schwäche von äußeren Umständen beeinflussen läßt und auf Sinnenfreuden aus ist, dann ergibt sich daraus eine unendliche Fülle von Belästigung und Besorgnis. Eben das bedeutet, daß er sich in der Hölle oder dem Diesseits befindet und daß er irdisch ist. Wenn dagegen der Mensch in einem Augenblick der Schwäche sich nicht von äußeren Umständen beeinflussen läßt, „wenn einen Augenblick lang alle schlechten Gedanken dahin sind, dann ist die eigentliche Natur des Menschen zu entdecken, also durch plötzliche Erleuchtung ist der Zustand des Buddha zu erreichen" (Hong Pimo 1994, S. 279). Mit anderen Worten: Wenn sich wenigstens für die Dauer eines Augenblicks ein direkter Zugang zum Herzen des Menschen öffnet, d. h. seine eigentliche friedliche und stille Seele plötzlich erkennbar ist und offenliegt, dann kann sich der Mensch von aller Belästigung befreien: Er befindet sich damit, anders ausgedrückt, im Himmel oder Jenseits, er ist Buddha geworden. „Wenn im ersteren Augenblick nicht erleuchtet, dann heißt er Irdischer. Wenn im letzteren Augenblick erleuchtet, dann ist er Buddha. Wenn er im ersteren Augenblick an dem Umstand hängt, bekommt er Besorgnis. Wenn er im letzteren Augenblick von äußeren Umständen loskommt, ist er Erleuchteter" (ebd., S. 278).

Im Unterschied zu anderen Richtungen des Buddhismus, welche

komplizierte religiöse Zeremonien betonen, fordert die Südliche Richtung des Hui Neng einfache Übungsmethoden. Ganz gleich ob man geht, wohnt, sitzt, liegt, ißt oder arbeitet, man kann immer und überall in Meditation versinken und seinen Geist und Charakter vervollkommnen. In dem Augenblick, wo der Mensch sich von den ihm begegnenden äußeren Umständen löst und unbeeinflußt bleibt, kann er mit einem Schlag durch Wesensschau oder Wesenserleuchtung Buddha werden. Deswegen kann jeder zu jeder Zeit Buddha sein und das höchste Glück genießen.

Yi Cun (822–908), Mönch aus der Tang-Zeit, stellt den kurzen Denkspruch auf: „Selbst neben einem Weidenkorb voll von Speisen kann es auch Menschen geben, die Hungers gestorben sind. Selbst an einem Fluß kann es Menschen geben, die am Durst gestorben sind." Damit meint er: Die Wahrheit des Buddhismus ist für jeden leicht erfaßbar, während das Streben nach Wissen ungleich komplizierter ist.

Huai Rang (677–744), Mönch aus der Tang-Zeit, vergleicht oft das sitzende Meditieren mit dem Ziegelstein-Reiben, um damit die Menschen aufzuklären: Man kann nicht durch sitzendes Meditieren zu Buddha werden, genau wie ein Ziegelstein nicht zu einem Spiegel gerieben werden kann. Was bedeutet aber „Immer und überall in 'Meditation' versinken"?

Erstens: Man soll seine innere Ruhe bewahren. Das Herz darf nie verwirrt sein. Die Stimmung hat keine Schwankung. Der Geist ist von jeder Störung und Verlockung der Außenwelt frei. Die Seele genießt absolute Unabhängigkeit.

Zweitens: Ganz gleich was man tut, man soll sich voll und ganz auf den Moment konzentrieren, ohne eine gedankliche Verbindung zu anderen Dingen herzustellen. Ißt man z. B., versenkt man sich in den Vorgang des Essens; liest man, tut man nichts anderes, als sich mit seinen Büchern zu beschäftigen. Die Aufmerksamkeit darf nicht auf etwas anderes gerichtet sein.

Drittens: Wenn man etwas beobachtet, soll man sich bemühen, es möglichst objektiv und vorurteilslos zu verstehen und zu beurteilen. Nur wenn subjektive Gefühle und Gedanken eliminiert worden sind, kann das wahre Gesicht der Sache erfaßt werden. Mit einem Wort: Man soll eine Sache immer an und für sich betrachten, nicht von seinem eigenen Standpunkt aus.

Viertens: In der Familie soll der Ehemann seine Pflicht erfüllen, die Ehefrau auch. Daß jedes Mitglied der Familie seine Pflicht erfüllt, wird von uns allen erwartet. Falls aber ein Mitglied unserer Erwartung nicht entsprechen kann, sollen wir nicht mit ihm streiten. Er ist er. Wir sind wir. Daß einer nicht seine Pflicht tun kann, ist dessen Sache, nicht unsere. Wir sollen nicht wegen seiner in unruhiger Gemütsverfassung sein.

Fünftens: Auch in der Gesellschaft sollen wir unsere Pflicht tun. Was wir bekommen können, nehmen wir. Etwas nicht bekommen zu können, soll uns nicht schmerzen. Wir tun unser Bestes, um einen Beitrag zur Gesellschaft zu leisten. Falls unsere Aufgabe nicht erfüllt ist, macht das uns keinen Kummer. Wie uns andere Leute beurteilen, nehmen wir uns nicht zu Herzen. Da wir ihre Haltung zu uns nicht bestimmen können, brauchen wir auch nicht auf ihre Haltung zu achten.

Schlußwort

Der chinesischen kulturellen Tradition liegt die klassische chinesische Philosophie zugrunde. In der sehr langen Geschichte der chinesischen Philosophie nimmt der Konfuzianismus eine leitende Stellung ein. Der Taoismus und der später in China eingeführte Buddhismus haben ebenfalls bedeutenden Einfluß. Aus diesen drei Schulen setzt sich das Grundbild der chinesischen Philosophie zusammen, die in Ost- und Südasien eine weite Verbreitung findet.

In Hinsicht auf den *Leitgedanken* wird in der chinesischen Philosophie die Ganzheit (gegenüber dem Individuum) besonders hervorgehoben. Makrokosmisch betrachtet, legen die chinesischen Philosophen großes Gewicht auf die Theorie der Einheit von Himmel und Mensch. Mikrokosmisch betrachtet, betonen sie immer die Ordnung innerhalb der Familie oder Gemeinschaft.

In Hinsicht auf die *Verhaltensregeln* behaupten die chinesischen Philosophen: Um die Harmonie der Gesamtheit schaffen und halten zu können, muß der Mensch die gesellschaftlichen Vorschriften und Verhaltensregeln befolgen. Konkret gesagt, soll er wirken, aber nicht ringen, Maß und Mitte halten, streng mit sich selbst, nachsichtig mit anderen verfahren.

In Hinsicht auf die *individuelle Praxis* schenken die chinesischen Philosophen der Geistes- und Charaktervervollkommnung des Individuums besondere Aufmerksamkeit. Sie betonen, daß das echte und ewige Glück nicht aus der Sinnenwelt kommt, sondern aus der inneren geistigen Welt des Menschen.

Die chinesische Philosophie hat eine lange Geschichte und trägt auch die Muttermale der agrarischen Gesellschaft. Trotzdem hat sie sich als eine Philosophie bewiesen, die auch in unserer gegenwärtigen Gesellschaft große Vitalität besitzt. Das besagt die Ewigkeit des philosophischen Wertes. Eine große Philosophie kann nicht wegen des Verfließens der Zeit ihre Anziehungskraft und ihren Einfluß verlieren.

Anmerkungen

Einleitung

[1] Praktische Philosophie:

Die größten Vertreter des Konfuzianismus sind Konfuzius und Menzius. Seit dem Tode des Menzius hatte es für eine sehr lange Zeit keinen bedeutenden Nachfolger mehr gegeben. Der Grund liegt darin, daß im Konfuzianismus nur Lebensphilosophie zu finden ist, aber fast keine „tiefgründige" metaphysische Theorie. Das Bedürfnis nach Theoriebildung konnte so nicht befriedigt werden. Die Begründung eines umfassenden metaphysischen Systems blieb der Ideen-Schule des Neo-Konfuzianismus vorbehalten, die in der Song-Zeit zum Zuge kam; aufgenommen wurden dabei viele Gedanken aus dem Taoismus. So hat der alte Konfuzianismus durch diese Ideen-Schule einen großen Aufschwung nehmen können, die in den beiden Epochen der Ming und Qing die Stellung einer konfuzianischen Orthodoxie erreichte.

[2] Die „Vier Klassischen Bücher":

a) Gespräche des Konfuzius: Die von Konfuzius' Schülern und deren Schülern gemachten Aufzeichnungen über die Worte und Taten des Konfuzius. Die Inhalte sind: Gespräche des Konfuzius, seine Antworten auf die Fragen seiner Schüler, Gespräche zwischen den Schülern. – Diese mündlichen Überlieferungen sollen sehr zuverlässig und exakt sein.

b) Die große Lehre: Wahrscheinlich ein Werk eines Konfuzianisten aus der Zeit zwischen Qin- und Han-Dynastie, oder ein Werk des Zeng Zi (505–436 v. Chr.), Schüler des Konfuzius. Die wichtigste Ansicht: Umgang mit den Dingen, Gewinnung der Erkenntnis, Festigung des Willens, Verbesserung der Geisteshaltung, Geistes- und Charaktervervollkommnung, Regelung des Hauswesens, Regierung des Staates, Herstellung der Weltfriedensordnung. – Dieses Werk wurde später zu einem programmatischen Dokument, gemäß dem die Ideen-Schule seit der Südlichen Song-Zeit Ethik, Politik und Philosophie erforschte.

c) Die Lehre von Maß und Mitte: Wahrscheinlich ein Werk des Zi Si (483–402 v. Chr.), Enkel des Konfuzius. Zi Si ist Philosoph aus der Anfangszeit der Streitenden Reiche. Er betrachtet „Maß und Mitte" als das höchste Kriterium des moralischen Verhaltens und hält die „Wahrhaftigkeit" (Cheng) für den Ursprung des Universums.

d) Menzius: Das Werk des Menzius (aus der Zeit der Streitenden Reiche) und dessen Schüler Wan Zhang und der anderen. Möglicherweise sind es die von Menzius' Schülern und deren Schülern gemachten Aufzeichnungen. – In diesem Werk werden die politische Aktivität des Menzius und seine politischen und philosophischen Lehren dargestellt.

Zhu Xi aus der Zeit der Südlichen Song stellte die „Gespräche des Konfuzius", „Die große Lehre", „Die Lehre von Maß und Mitte" und „ Menzius" als die „Vier Klassischen Bücher" zusammen.

[3] *Tao Te King:* oder *Laotse*, der Hauptklassiker des Taoismus, wahrscheinlich ein Werk des Laotse.

Tao: die Substanz aller Dinge oder die gesamte Bewegungs- und Veränderungsregel aller Wesen.

Te: die von dem Tao herstammenden speziellen Regeln oder speziellen Eigenschaften der Dinge.

King: Klassikerwerk

Tao Te King besteht aus zwei Hauptteilen: Der erste Hauptteil (Kap. 1–37) heißt das Klassikerwerk vom Tao. Der zweite Hauptteil (Kap. 38–81) heißt das Klassikerwerk vom Te. Daraus ergibt sich der Name „Tao Te King" (das Klassikerwerk von Tao und Te).

Dieses Werk enthält die metaphysischen, ethischen und politischen Gedanken des Laotse. Hans Joachim Störig schreibt in seiner Kleinen Weltgeschichte der Philosophie (Stuttgart 1981, S. 99–100) folgendermaßen: „Wenn man einmal den utopischen Gedanken erwägt, daß alle je gedruckten Bücher der Vernichtung anheimgegeben würden bis auf drei, und man selbst die Wahl hätte, die drei zu bewahrenden zu bestimmen, so sollte das Tao Te King, das Buch des Alten Meisters vom Weg und der Tugend, zu ihnen gehören."

[4] Die Frühlings- und Herbstzeit: 770–476 v. Chr.:

Die amtlichen Geschichtsschreiber des Fürstentums Lu hatten für ihren Staat eine Chronik für die Zeit von 722–481 v. Chr. herausgegeben. Diese Chronik heißt „Die Frühlings- und Herbstannalen". Später gab Konfuzius dieses Buch heraus, so daß daraus das erste chinesische annalistische Geschichtswerk entstand. Dementsprechend nennt man die Zeit, die ungefähr in „Die Frühlings- und Herbstannalen" eingegangen ist, die Frühlings- und Herbstzeit.

Die Periode der Streitenden Reiche: 475–221 v. Chr. ist durch häufige Kriege unter verschiedenen größeren Fürstentümern gekennzeichnet.

[5] Humanität (Ren), Gerechtigkeit (Yi), Höflichkeit (Li), Weisheit (Zhi), Zuverlässigkeit (Xin):

Ren: Humanität oder Menschlichkeit

Zhi: Weisheit – das Vermögen zur Beurteilung von Recht und Unrecht

Yi: Yi hat zwei Bedeutungen:

a) Gerechtigkeit

b) Pflichtgefühl

Li: Li hat drei Bedeutungen:

a) Höflichkeit

b) Sitten (das rechte sittliche Verhalten)

c) Riten (die richtigen Opferhandlungen des Ahnenkults)

[6] Das Prinzip von Maß und Mitte:

Dieses Prinzip stellt einen ethischen Gedanken des Konfuzianismus dar. Gemäß diesem Prinzip soll man stets in allen Dingen das rechte Maß halten, nämlich die goldene Mitte wählen. In „Die Lehre von Maß und Mitte" heißt es: „Fröhlichkeit und Ärger, Trauer und Freude nicht auszudrücken, das heißt 'Mitte'. Sie alle maßvoll auszudrücken, das heißt 'Mäßigkeit'. Mitte ist das, was den großen Grund der ganzen Welt ausmacht. Mäßigkeit ist das, was für die ganze Welt als geltende Regel gilt. Wenn 'Mitte und Mäßigkeit' wirklich geübt wird, dann befinden sich Himmel und Erde im Frieden und alle Wesen wachsen" (Kap. 1). Das Prinzip von Maß und Mitte gilt im Konfuzianismus als der höchste ethische Standard. Konfuzius sagt: „Maß und Mitte bewahren – das ist die höchste Tugend" (Gespräche des Konfuzius, Kap. VI, 27).

[7] Die Tao-Schule und die Tao-Religion:

Mit dem Taoismus ist hier die Tao-Schule gemeint, nicht der Taoismus als Religion. In Wirklichkeit ist die Lehre des Laotse und Zhuang Zi eigentlich keine Religion.

Erst im Jahre 142 n. Chr. (aus der Dynastie der Östlichen Han) wurde die Tao-Religion von Zhang Daoling (als „Himmelslehrer" verehrt) auf dem He-Ming-Berg (heute in Chong Qing in der Provinz Si Chuan) begründet. Diese Religion verehrte Laotse als Oberhaupt und gab ihm den Ehrennamen „der alte Herrn über allem". Tao Te King galt als eines ihrer Hauptklassikerwerke.

In der Zeit von der Westlichen Jin (nämlich ab 265 n. Chr.) bis zu den Fünf Dynastien (nämlich bis 1127 n. Chr.) hat sich die Tao-Religion sehr entwickelt. Ab der Ming-Zeit geriet sie in Verfall.

Die Anhänger dieser Religion suchten durch Meditation, Diätetik, Alchemie, Gymnastik und sexuelle Praktiken Verlängerung des Lebens und Unsterblichkeit des Leibes zu erreichen.

Die Tao-Religion stellte erste Anfänge einer Naturwissenschaft dar und hat die chinesische Medizin nachhaltig beeinflußt.

[8] Diese Kritik des Mo Zi ist nicht berechtigt. Der Konfuzianismus betont Ehrfurcht gegenüber den Eltern und Achtung gegenüber den älteren Brüdern, zugleich befürwortet er auch, diese Tugenden auf die gesamte Gesellschaft und darüber hinaus aufs All zu projizieren. Alle Menschen sollen zuerst ihre Nächsten lieben. Diese Haltung ist die selbstverständlichste. Wenn aber einem Fremden z. B. auf der Straße ein Verkehrsunfall zustößt, dann kann auch ich davon betroffen sein. Kann es dann normal genannt werden, wenn ich um diesen Fremden weine wie um einen Nächsten?

[9] Die feudale Gesellschaft:

China ist ein Land mit alter Zivilisation. Die aufgezeichnete Geschichte der Chinesen reicht zurück bis zu den Kaisern des dritten vorchristlichen Jahrtausends. Nach der staatlichen geschichtswissenschaftlichen Auffassung der VR China ist die Geschichte Chinas in folgende Perioden einzuteilen:

a) Von der Xia-Dynastie (21.–16. Jh. v. Chr.) bis zum Ende der Westlichen Zhou (genauer gesagt: 770 v. Chr.) befand sich China in der Sklavenhaltergesellschaft.

b) Frühlings- und Herbstzeit (770–476 v. Chr.): Übergangsperiode von der Sklavenhaltergesellschaft zur feudalen Gesellschaft.

c) Streitende Reiche (475–221 v. Chr.): Entstehungs- und Festigungsperiode der feudalen Gesellschaft.

d) Von der Qin-Dynastie (221–207 v. Chr.) bis zum Ende der Tang-Dynastie (genauer gesagt: 907 n. Chr.): Frühere feudale Gesellschaft.

e) Von der Song-Dynastie (960–1279) bis zur Zeit vor dem in der Mittelperiode der Qing-Dynastie ausgebrochenen Opiumkrieg (1840–1842): Spätere feudale Gesellschaft.

f) Vom Anfang des Opiumkriegs (1840) bis 1949 (Gründung der VR China): Halbkoloniale und halbfeudale Gesellschaft.

Nach der staatlichen Auffassung der VR China zeichnet sich eine feudale Gesellschaft dadurch aus, daß die Grundherren den Boden besitzen und damit die Bauern (und Leibeigenen) ausbeuten, was die hauptsächliche Wirtschaftsordnung der ganzen Gesellschaft ausmacht.

[10] Li (Ideen):

Li bedeutet im Neokonfuzianismus einerseits die Regelhaftigkeit der Dinge, nämlich das Tao, andererseits das moralische Gesetz wie Humanität, Gerechtigkeit, Höflichkeit, Weisheit und Zuverlässigkeit. Mit anderen Worten ist mit Li ein Tao mit stark ethischer Färbung gemeint. Li ist ein philosophischer Begriff, der grundsätzlich auf dem ethischen Gedanken des Konfuzianismus beruht, der sich aber auch aus einer Verschmelzung von Konfuzianismus und Taoismus ergibt.

Li ist ein Begriff von ontologischer Bedeutung. Das Verhältnis zwischen Li und den einzelnen Dingen ist das zwischen Allgemeinem und Einzelnem und zwischen Wesen und Erscheinung. Li und die konkreten einzelnen Dinge sind ihrer Stellung nach voneinander abhängig, aber dem Neokonfuzianismus zufolge hat Li den Vorrang vor den einzelnen konkreten Dingen. Zhu Xi meint: Bevor Himmel und Erde existieren, gibt es schon Li. Aufgrund dieses Li kommen Himmel und Erde überhaupt erst vor.

Li ist zugleich ein Begriff von ethischer Bedeutung. Nach der Ideen-Schule stellt das vom Konfuzianismus hervorgehobene sittliche Prinzip den höchsten Herrscher des Kosmos dar. Li als moralisches Gesetz wird auch „die Himmels-Idee“ genannt.

[11] Qi:

Qi ist eine sehr feine Materie, die die Ursache aller Dinge auf der Welt ausmacht (Yin und Yang sind zwei Formen von Qi). Es kann sich bei Qi sowohl um einen festen als auch um gas- oder dampfartigen Stoff handeln. Li (Ideen) ist die Bewegungsregel von Qi.

Ob Li den Vorrang vor Qi hat oder umgekehrt, ist Gegenstand einer heftigen Auseinandersetzung in der chinesischen Philosophiegeschichte. Zhang Zai (1020–1077) aus der Song-Zeit behauptet, daß das Wesentliche des Kosmos im Qi liegt. Wang Fuzhi (1619–1692) aus der Zeit zwischen der Ming- und Qing-Dynastie meint auch: Qi stellt den Grund des Kosmos dar; Li ist von Qi abhängig; ohne Qi ist Li überhaupt undenkbar. Cheng Yi ist jedoch der Meinung: Alles ist zwar auf seinen Ursprung Qi zurückzuführen, aber Qi kann deshalb dasein, weil es Li gibt. Deswegen macht Li den Urgrund des Kosmos aus. Zhu Xi tritt auch für die Vorrangstellung des Li vor dem Qi ein.

[12] Die Sitzung an dem Gans-See:

Hier ist eine sehr bekannte philosophische Sitzung zu erwähnen, an der Zhu Xi, Lu Jiuyuan und ihre Schüler teilgenommen haben. Diese Sitzung, in der vor allem das Problem der Methodologie diskutiert wurde, fand 1175 in einem Tempel am Gans-See in Xin Zhou (heute zur Provinz Jiang Xi gehörig) statt. Zhu Xi und Lu Jiuyuan gingen zwar alle von der Theorie der gegebenen Güte des Menschen aus, aber in der Frage, wie man sein vom Himmel verliehenes moralisches Bewußtsein „nach außen wenden" kann, unterschieden sich die beiden grundsätzlich voneinander. Zhu Xi behauptete, daß nur durch häufiges Lesen und genaue Erforschungen der objektiven Dingen das eingewurzelte moralische Wissen wachzurufen sei. Lu Jiuyuan meinte dagegen, daß viele Bücher zu lesen nicht nötig sei. Da jedes moralische Gesetz ursprünglich im menschlichen Bewußtsein enthalten sei, brauche man sich nur zu bemühen, das Wesen seines Bewußtseins zu erfassen und gemäß seiner eigenen grundlegenden moralischen Idee zu handeln. So entsprächen die Handlungen dem moralischen Standard von selbst. Zhu Xi sagte, eine solche Theorie Lu Jiuyuans sei nichts anderes als Zen-Buddhismus, sie sei zu anmaßend. Lu Jiuyuan erwiderte, die Lehre Zhu Xis, die in Wirklichkeit auf Laotse zurückzuführen sei, sei zu fragmentarisch. Zum Schluß schrieb Lu Jiuyuan Gedichte, um Zhu Xi zu attackieren. Die Sitzung endete in einem Mißklang.

Einheit von Himmel und Mensch

[1] Das Studium der konfuzianischen Klassikerwerke:

Die ganze chinesische Philosophiegeschichte ist nach Feng Youlan (1895–1990), einem großen Philosophen der Gegenwart, auch einfach in zwei Zeiten einteilbar: die Zeit der verschiedenen Schulen aller Denkrichtungen und ihrer Repräsentanten (nämlich von der Vor-Qin-Zeit bis zur Früh-Han-Zeit) und die Zeit vom Studium der klassischen Werke des Konfuzianismus (nämlich von der Han-Zeit bis zur Qing-Dynastie). Das heißt: Seit dem Entstehen des Konfuzianismus und Taoismus haben die Philosophen aller späteren Generationen überhaupt nicht versucht, diese klassischen Lehren zu überschreiten, sie beschäftigten sich vielmehr nur mit Erklärungen und Textuntersuchungen der Klassikerwerke, und zwar ausnahmslos. Nur wenige haben höchstens in den Erläuterungen zu den klassischen Werken eigene Gedanken darlegen können wie z.B. die Repräsentanten des Neo-Konfuzianismus. Deshalb nimmt in der chinesischen Philosophiegeschichte „das Studium der konfuzianischen Klassikerwerke" eine sehr bedeutende Stellung ein.

a) „Das Studium der konfuzianischen Klassikerwerke" in der Han-Dynastie:

Seit der vom Kaiser Wu der Westlichen Han zur Entfaltung gebrachten staatlichen Bewegung „Nur den Konfuzianismus fördern, die anderen Hundert Schulen abschaffen" hat in der chinesischen feudalen Gesellschaft das Verstehen der konfuzianischen Klassikerwerke als der einzige Maßstab für die Auswahl qualifizierten Personals für den Staatsdienst gegolten. Nur wer erfolgreich gelernt hatte, konnte Beamter werden. Von daher versteht sich, daß dieses Studium schnell in voller Blüte stand. „Das Studium der konfuzianischen Klassikerwerke" läßt sich in der Han-Zeit in das Neue-Schrift-Klassikerwerke-Studium und das Alte-Schrift-Klassikerwerke-Studium einteilen:

Das Neue-Schrift-Klassikerwerke-Studium der Westlichen Han: Es fing mit dem Beginn der Westlichen Han an. Da in der Qin-Zeit fast alle konfuzianischen Klassikerwerke verbrannt wurden, hatte man am Beginn der Westlichen Han nur konfuzianische Werke zur Verfügung, die nicht aus der Vor-Qin-Zeit kamen, sondern aufgrund der von Generation zu Generation weitergegebenen mündlichen Überlieferungen seit der Zeit der Streitenden Reiche mit der in der Han-Dynastie gebrauchten Schrift geschrieben sind. Sie wurden daher die Neue-Schrift-Klassikerwerke genannt. Das Neue-Schrift-Klassikerwerke-Studium wurde von Dong Zhongshu inauguriert. In diesem Studium wurde großer Wert darauf gelegt, den Grundgedanken der Texte einsichtig zu machen und folglich auch den jeweiligen Herrscher zu rechtfertigen. Der Charakter des Studiums lag also in dessen gesellschaftlichen bzw. politischen Nützlichkeit. Den maßgeblichen Betreibern dieses Studiums war eine gewisse Voreingenommenheit und Überheblichkeit eigen.

Das Alte-Schrift-Klassikerwerke-Studium der Östlichen Han: Dieses fiel mit dem Ende der Westlichen Han zusammen. Damals fanden sich einige originale konfuzianische Klassikerwerke aus der Vor-Qin-Zeit, die in der

Qin-Zeit in den Zimmerwänden einiger Leute versteckt und deshalb der Verbrennung entzogen waren. Diese Werke sind mit der in der Vor-Qin-Zeit gebrauchten alten Schrift geschrieben. Die Erforscher der Alte-Schrift-Klassikerwerke beschäftigten sich hauptsächlich mit der Textuntersuchung, der Interpretation von Wörtern und Namen und Beschreibungen der Gegenstände in den Werken. Es war nicht selten, daß sie nur zu dem Titel oder den ersten Worten eines Klassikerwerkes eine Erläuterung von ein paar zehntausend oder sogar ein paar hunderttausend Wörtern schrieben. Der Nachteil des Alte-Schrift-Klassikerwerke-Studiums ist eine nicht zu übersehende Trivialität.

b) „Das Studium der konfuzianischen Klassikerwerke" in der Song-Dynastie:

Dieses Studium in der Song-Zeit wurde von der Ideen-Schule durchgeführt. Diese Schule konzentrierte sich auf den Grundgedanken und dessen argumentative Entfaltung in den Texten, wobei in die Erklärung des Grundgedankens der Aufbau des eigenen philosophischen Systems mithineingenommen wurde. Zu bemängeln ist an diesem Studium insgesamt eine Tendenz zur phantasiereichen Ausgestaltung und ein Hang zum Mysteriösen.

c) „Das Studium der konfuzianischen Klassikerwerke" in der Qing-Dynastie:

In der Qing-Zeit wurde das Alte-Schrift-Klassikerwerke-Studium der Han-Zeit von Gu Yanwu (1613–1682) und Dai Zhen wiederaufgenommen, die behaupteten, daß die Aufstellung einer Theorie auf den Klassikerwerken und der Geschichte beruhen müsse. Sie und andere Erforscher dieser Zeit beschäftigten sich mit der Unterscheidung zwischen Wahrem und Falschem in den Klassikerwerken, den klassischen Philosophen der Vor-Qin-Zeit und den historischen Aufzeichnungen. Damit leisteten sie einen großen Beitrag zu den Forschungen über Sprache, Schrift, Geschichte, Geographie, Astronomie, Zeitrechnungsmethode und Gesellschaftsordnung der alten Zeit. Der Nachteil in diesem Studium ist darin zu sehen, daß man sich vom realen Leben zu sehr löste und das archäologische Studium um seiner selbst willen betrieb. Nach der mittleren Periode der Qing-Dynastie wurde das Neue-Schrift-Klassikerwerke-Studium wiederaufgenommen. „Das Studium der konfuzianischen Klassikerwerke" endet mit der Vierter-Mai-Bewegung im Jahre 1919.

2 *Dong Zhongshus These „Yang ist vornehm und Yin ist niedrig":*

Nach Dong Zhongshu gehören Monarch, Vater und Ehemann zu Yang, während Beamte, Sohn und Ehefrau zu Yin gehören. Ein Ehemann, wie gering er auch ist, zählt doch zu Yang. Eine Ehefrau, wie adlig sie auch ist, zählt doch zu Yin. Der Unterschied zwischen Yin und Yang ist nicht auszugleichen, auch der Unterschied zwischen Monarch und Beamten, Vater und Sohn, Mann und Frau. Seitdem hat der Begriff „Yin und Yang" eine ethische Färbung bekommen.

3, 4, 5 Die Kosmogonie in der chinesischen Philosophie:

Vier Erscheinungen, acht Grundfiguren und vierundsechzig Grundfiguren bedeuten im I Ging Grundbestandteile der materiellen Welt, die von Yang und Yin erzeugt worden sind.

In der Frühlings- und Herbstzeit und der Periode der Streitenden Reiche kam der Gedanke über fünf im Alltagsleben immer sichtbare materielle Elemente (Holz, Feuer, Erde, Metall und Wasser) vor, mit denen der Ursprung und die Einheit der verschiedenen Eigenschaften aller Dinge auf der Welt zu erklären waren. Nach der Fünf-Elemente-Theorie der Periode der Streitenden Reiche stehen diese fünf Elemente zueinander in einem Verhältnis gegenseitiger Hervorbringung und Überwindung:

Hervorbringung: Holz bringt Feuer hervor, Feuer bringt Erde hervor, Erde bringt Metall hervor, Metall bringt Wasser hervor, Wasser bringt Holz hervor.

Überwindung: Wasser überwindet Feuer, Feuer überwindet Metall, Metall überwindet Holz, Holz überwindet Erde, Erde überwindet Wasser.

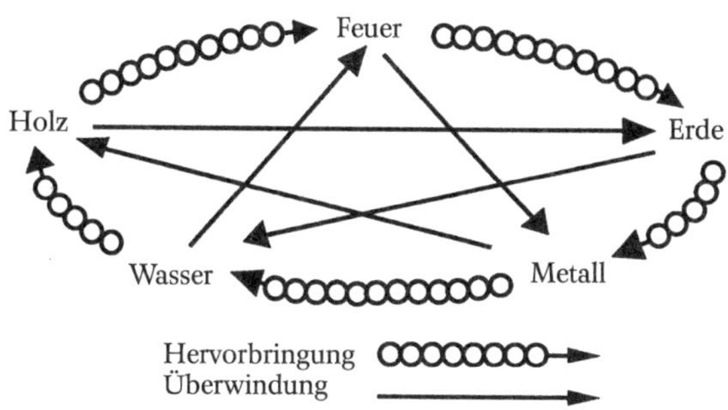

Erklärungen zu der gegenseitigen Hervorbringung und Überwindung der fünf Elemente (nach den Philosophen aus der Östlichen-Han-Zeit, vgl. Professoren der Universität Beijing 1980, S. 233):

Hervorbringung: Holz ist seinem Wesen nach warm. Wenn Holz durch Drillbewegung gerieben wird, kann es entzündet werden. Daher kommt Feuer aus dem Holz. Wenn Holz verbrannt ist, dann ist es zu Asche geworden. Asche ist Erde. Erde sammelt sich und wird dann zu einem Berg. Berg erzeugt Stein. Stein bringt Metall hervor. Berg ist nun in dicke Wolken gehüllt. Alle Steine auf dem Berg sind völlig durchnäßt. Metall löst sich dann im Wasser. Ohne Wasser kann kein Baum wachsen. Deshalb erzeugt Wasser Holz.

Überwindung: Der Natur von Himmel und Erde nach kann Mehrheit Minderheit überwältigen. Daher überwindet Wasser Feuer. Feinheit kann Festigkeit überwältigen. Daher überwindet Feuer Metall. Festigkeit kann Weichheit überwältigen. Daher überwindet Metall Holz. Dichtheit kann Lockerheit überwältigen. Daher überwindet Holz Erde, Erde überwindet Wasser.

In der Han-Zeit ist dieser Gedanke über fünf Elemente zu einer ontologischen Auffassung geworden, wodurch die im I Ging aufgestellte Theorie von vier Erscheinungen und acht Grundfiguren ersetzt wurde. Der Gedanke über fünf Elemente wurde in der Song-Dynastie von der Ideen-Schule aufgenommen. Zhou Dunyi (1017–1073), einer der Begründer dieser Schule, stellte z. B. eine sehr bekannte systematische Theorie der kosmischen Konstruktion auf, in der der Gedanke über fünf Elemente übernommen wurde. In seinem Taiji-Diagramm und „Kommentar zum Taiji-Diagramm" können wir folgendes sehen (vgl. Geschichte der chinesischen Philosophie, Bd. II, S. 50–51):

Taiji-Diagramm [von Zhou Dunyi aufgrund des Vor-Welt-Diagramms des Shao Yong (1011–1077) gezeichnet, von Zhu Xi bearbeitet; vgl. Yan Beiming 1984, S. 62]:

Kommentar des Zhou Dunyi zu seinem Taiji-Diagramm:

a) Wuji ist die unsichtbare höchste Substanz. Taiji ist die größte Ganzheit.

b) Das bewegende Taiji erzeugt Yang. Das ruhende Taiji erzeugt Yin.

c) Yin und Yang wirken gegenseitig, wodurch fünf Elemente hervorgebracht werden.

d) Die fünf Elemente wirken nacheinander, womit die vier Jahreszeiten entstanden sind.

e) Durch die Wirkungen von Yin-Yang und fünf Elementen werden dann alle Dinge hervorgebracht. Entstehen und Wandlung aller Dinge sind

Wuji, dann Taiji

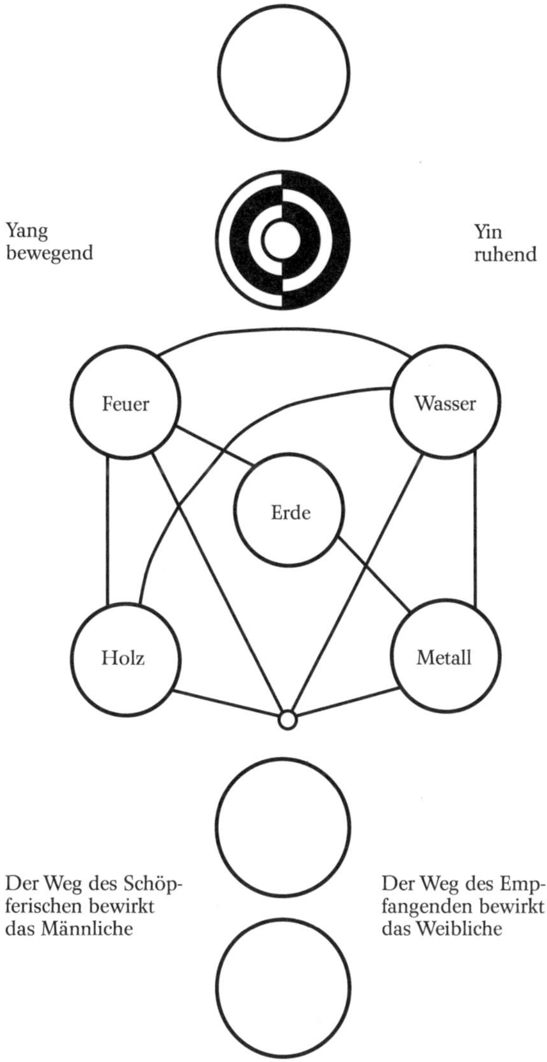

unendlich. Nur diejenigen Menschen, die (von Yin-Yang und fünf Elementen) das Beste bekommen, sind am klügsten.

Die Lehre von fünf Elementen spielte in der Entwicklung der alten chinesischen Astronomie, Chronologie und Medizin eine wichtige Rolle.

[6] Das Tao (Tao: das Prinzip oder Gesetz) des Himmels ist Yin und Yang. Das Tao der Erde ist das Weiche und das Starke. Das Tao des Menschen ist die Humanität und Gerechtigkeit. Vgl. I Ging, Besprechung der Grundfiguren; Wilhelm, S. 245

Konfuzianismus: Ordnung

[1] Der Familiensinn in China:

Die Gesellschaft der alten Zeit in China ist die Agrargesellschaft, in der die Familie die Grundeinheit der Arbeit darstellt. In einer Familie leben normalerweise drei Generationen zusammen. Alle Mitglieder dieser großen Familie sollen bestrebt sein, die gemeinsame Aufgabe zu erfüllen und das gemeinsame Ziel zu erreichen. Es gibt in China eine bekannte Erzählung über „Yu Gong versetzt Berge". Yu Gong ist ein Bauer, mehr als neunzig Jahre alt. Vor seinem Haus stehen zwei große Berge, die den Ausgang des Hauses Yu Gongs blockieren. Yu Gong entscheidet sich, die beiden Berge zu versetzen. Unter seiner Leitung werden alle seine Söhne und Enkel mobilisiert, jeden Tag mit Spaten die Berge zu bearbeiten. Yu Gong hat einen Plan: Nach seinem Tode setzen seine Söhne die Arbeit fort. Sind die Söhne gestorben, machen die Enkel weiter. Sind auch die Enkel gestorben, rechnet Yu Gong auf die den Enkeln folgenden Generationen. Irgendwann kommt dann der Tag, wo der Wunsch seiner ganzen Familie, die Berge zu versetzen, erfüllt ist. Der Geist des Yu Gong hat zu guter Letzt Gott bewegt, der zwei übernatürliche Wesen vom Himmel auf die Erde heruntersteigen läßt; diese nehmen die Berge auf den Rücken und gehen weg. Aus dieser Erzählung kann man ersehen, daß die Familie eine sehr bedeutende Stellung in der Gesellschaft des alten China einnimmt.

Im heutigen China gibt es wegen der Entwicklung der Warenwirtschaft, der lokalen Bevölkerungsverschiebung und der Verschärfung der Wohnungsnot eine Tendenz, daß die Zahl der aus drei Generationen bestehenden traditionellen großen Familien abnimmt. Trotzdem ist dadurch die alte Tradition, großes Gewicht auf die Familie zu legen, nicht beeinträchtigt worden. Konfuzius' Anweisung „Solange die Eltern leben, soll man nicht allzu weit reisen. Verläßt man sie aber doch, dann muß man immer einen festen Wohnsitz haben" (Gespräche des Konfuzius, Kap. IV, 19) ist auch bei den heutigen Chinesen noch tief eingewurzelt. Den Eltern Unterhalt und den Kindern gute Erziehung zu gewähren, machen den bleibenden Lebensinhalt des Menschen aus. Für die Chinesen ist normalerweise ein Leben ohne Familie undenkbar; verliert ein Chinese seine Familie, verliert er auch seine seelische Stütze.

In Taiwan, Singapur, Japan und Südkorea, wo der Konfuzianismus großen Einfluß hat, hat sich der Familiensinn auf die ganze Gesellschaft ausgedehnt, so daß im bestimmten Sinne jede Firma oder jedes Unternehmen eine kleine oder große Familie darstellt. In solchen Unternehmen herrscht nicht nur die Unternehmenssatzung, sondern auch eine familiäre Kraft, die alle Mitglieder fest zusammenschließen kann. Der Unternehmer kümmert sich um die Mitglieder bis ins kleinste, während die Mitglieder treu zum Unternehmen stehen. Die zwischenmenschlichen Beziehungen werden in großem Umfang durch familiäres Gefühl aufrechterhalten. Daß der Familiensinn eine wichtige Rolle spielt, ist ein wesentliches Kennzeichen vieler asiatischen Unternehmen.

[2] Luo Rufang (1515–1588) aus der Ming-Dynastie meint: Der Säugling ist am treuherzigsten, eben daraus ergibt sich die Güte: „Der Säugling kommt zur Welt und macht seinen ersten Schrei. Dieser Schrei ist ein Zeichen dafür, daß er den Busen seiner Mutter liebt. So kommt die Wurzel der Liebe vor und wird als Humanität bezeichnet" (Yan Beiming 1984, S. 409). Aus der Humanität entwickeln sich dann Gerechtigkeit, Höflichkeit, Weisheit und Zuverlässigkeit.

[3] Der Unterschied zwischen Konfuzius/Menzius und Dong Zhongshu:

Nach Konfuzius und Menzius entspricht die Beziehung zwischen Vater und Sohn nicht der zwischen Herr und Sklave. In seiner Theorie von den fünf zwischenmenschlichen Beziehungen legt Menzius immer großen Wert auf die gegenseitige Achtung, Liebe und Fürsorge zwischen den Menschen. „Was man mir nicht antun soll, will ich auch anderen Menschen nicht zufügen" (Gespräche des Konfuzius, Kap. XII, 2), das gilt bei Konfuzius und Menzius als unumstößliches Prinzip. Beide beabsichtigen, auf der Basis des ursprünglichsten Naturgefühles zwischen Eltern und Kindern ein Netz der Liebe in der gesamten Gesellschaft aufzubauen.

Seit Dong Zhongshu verhält sich die Sache aber ganz anders. Dong

Zhongshu verabsolutiert die Beziehung zwischen Vater und Sohn durch Aufstellung von drei Grundregeln, nach denen Monarch, Vater und Ehemann den absoluten Vorrang vor Beamten, Sohn und Ehefrau haben.

In der Neue-Kultur-Bewegung, die 1915–1919 von der jungen Intelligenz der neu entstandenen chinesischen Republik in Gang gesetzt wurde, wurde „Nieder mit der Clique der Kung-Familie [Konfuzius]" als Parole herausgegeben. Diese Intellektuellen machten den Konfuzianismus – die Grundsubstanz der chinesischen traditionellen Kultur – für die Armut und Rückständigkeit des damaligen Chinas verantwortlich; sie vergaßen jedoch, daß China in der Han- und Tang-Dynastie eine sehr schöne Zeit blühender Wirtschaft und Kultur erlebt hatte und daß auch in dieser Zeit eben der Konfuzianismus die herrschende Ideologie war; sie übersahen, daß es nicht Konfuzius und Menzius, sondern Dong Zhongshu aus der Han-Zeit und Zhu Xi aus der Song-Zeit waren, die die Position von Monarch, Vater und Ehemann vergötterten und die Himmels-Idee (das Sittengesetz) und die menschliche Begierde gegeneinander stellten. Der Angriff dieser Intelligenz hätte sich besser nicht auf Konfuzius selbst und das, was er einst gelehrt hat, richten sollen, sondern auf das, was Generationen von Kaisern und Gelehrten im Dienst des Kaisers aus den Lehren des Konfuzius falsch auffaßten und umsetzten.

[4] Die fünf zwischenmenschlichen Beziehungen und die Tugenden wie Loyalität, Pietät, Gerechtigkeit und Keuschheit stellen das Leitmotiv der klassischen chinesischen Literatur und der traditionellen Opern dar.

Taoismus: Nicht-Ringen

[1] Dieser Gedanke des Taoismus repräsentiert eine Eigentümlichkeit der chinesischen Kultur. Ein Beispiel: In der Ming-Dynastie begab sich General Zheng He (1371–1435) als Regierungsbeauftragter siebenmal mit seiner riesigen Flotte ins Ausland. Sie erreichten Hinterindien, die malaiische Inselgruppe, Indonesien, Bangladesch, Indien, Iran und sogar Afrika. Das damalige Malaysia und Indonesien war kulturell und wirtschaftlich sehr rückständig, trotzdem war Zheng He nicht nur nicht in diese Länder eingefallen oder hatte dort eine Kolonie gegründet, sondern brachte ihnen zahllose Produktionswerkzeuge, Saatgut und Bücher. Die Chinesen lehrten das Volk dort, sich gesittet zu benehmen, Musik zu machen und das materielle Leben

zu verbessern. Die zahlreichen bis heute gut erhaltenen Zeng-He-Tempel in Malaysia und Indonesien sind ein Zeugnis dafür, wie tief das Volk dort dem Gesandten der Zivilisation – Zeng He – in Dankbarkeit verbunden war und immer noch ist. Die Tat des Zeng He demonstriert den Geist der chinesischen Kultur. Selbst wenn die Chinesen andere Länder reich und zivilisiert gemacht hatten, wollten sie doch nicht diese Länder gewaltsam in Besitz nehmen und beherrschen.

[2] Den Gedanken „Nicht-Ringen" vertritt der Konfuzianismus auch, Konfuzius sagt: „Der Edle ist selbstbewußt, aber nicht streitsüchtig" (Gespräche des Konfuzius, Kap. XV, 22).

Der Geist und Kern der chinesischen Philosophie

[1] Der chinesischen Tradition zufolge ist das Problem der Lebensanschauung nicht durch die Entwicklung der Naturwissenschaft und Technik zu lösen. Naturwissenschaft und Technik sind objektiv, während das geistige Leben des Menschen subjektiv ist. Naturwissenschaft und Technik haben ihre eigene Methodologie, während das geistige Leben tief von instinktiven Elementen, Gefühlen und dem menschlichen Gewissen beeinflußt wird. Im geistigen Leben gibt es kein objektives Kriterium der Wahrheit. Deswegen ist die Frage der Lebensanschauung nur durch den Menschen selbst, nicht mit Hilfe der Natur- oder Sozialwissenschaften, zu beantworten.

[2] Die Reden des Hui Neng wurden nach seinem Tode von seinem Schüler Fa Hai u. a. in dem Buch „Das Klassikerwerk der Lehrkanzel des sechsten Meisters" herausgegeben. Vgl. Hong Pimo 1994, S. 283–284.

Zeittafel zu den chinesischen Dynastien und wichtigen Philosophen

Xia	**21.–16. Jh. v. Chr.**
Shang	**16.–11. Jh. v. Chr.**
Zhou:	
Westliche Zhou	11. Jh.–770 v. Chr.
Östliche Zhou	770–256 v. Chr.
Frühlings- und Herbstzeit	770–476 v. Chr. Laotse, Konfuzius
Streitende Reiche	475–221 v. Chr. Mo Zi, Menzius, Zhuang Zi, Gongsun Long, Xun Zi, Han Fei
Qin	**221–207 v. Chr.**
Han:	
Westliche Han	206 v. Chr.–24 n. Chr. Dong Zhongshu
Östliche Han	25–220. n. Chr.
Drei Reiche:	
Wie	220–265 n. Chr. Wang Bi, He Yan
Shu Han	221–263 n. Chr.
Wu	222–280 n. Chr.
Westliche Jin	**265–316 n. Chr.**
Östliche Jin	**317–420 n. Chr.**
Südliche Dynastien	
(Song, Qi, Liang, Chen)	420–589 n. Chr.
Nördliche Dynastien	
(Nördliche Wei, Östliche Wei, Nördliche Qi, Westliche Wei, Nördliche Zhou)	386–581 n. Chr.
Sui	**581–618 n. Chr.**

Tang	**618–907 n. Chr.** Shen Xiu, Hui Neng, Han Yu
Fünf Dynastien (Spätere Liang, Spätere Tang, Spätere Jin, Spätere Han, Spätere Zhou)	**907–960 n. Chr.**
Song:	
Nördliche Song	960–1127 n. Chr. Zhou Dunyi, Zhang Zai, Cheng Hao, Cheng Yi
Südliche Song	1127–1279 n. Chr. Zhu Xi, Lu Jinyuan
Liao	**916–1125 n. Chr.**
Jin	**1115–1234 n. Chr.**
Yuan	**1271–1368 n. Chr.**
Ming	**1368–1644 n. Chr.** Wang Shouren, Gu Yanwu, Wang Fuzhi
Qing	**1644–1911 n. Chr.** Dai Zhen
Republik China	**1912–1949 n. Chr.**
Volksrepublik China	**ab 1949**

Literaturverzeichnis

Chinesische Ausgabe

An Zuozhang (Hrsg.): Kurze Einführung in die chinesische Geschichte (Zhong Guo Shi Jian Bian), Jinan 1986.

Cao Jichu: Eine leicht verständliche Anmerkung zu „Zhuang Zi“ (Zhuang Zi Qian Zhu), Beijing 1982.

Fan Youqi u. Liu Yandeng: Eine leicht verständliche Erläuterung zu „Tao Te King“ und „Hundert-Fabeln-Klassikerwerk“ (Dao De Jing Bai Yu Jing Su Yi), Wuhan 1990.

Feng Youlan: Neue Einführung in die chinesische Philosophie (Zhong Guo Zhe Xue Shi Xin Bian), 2 Bände, Beijing 1962.

Hong Pimo (Übers.): Kanonische Schriften des Buddhismus, neue Übertragung in die moderne Literatursprache (Xin Yi Bai Hua Fo Jing), Beijing 1994.

Liu Juntian u. a. (Hrsg.): Gesamterläuterungen zu den „Vier Klassischen Büchern“ (Si Shu Quan Yi), Guiyang 1988.

Luo Guang: Geschichte der chinesischen philosophischen Gedanken (Zhong Guo Zhe Xue Si Xiang Shi), 4 Bände, Taipei 1978–81.

Professoren aus Shanghai: Enzyklopädisches Lexikon (Ci Hai), Bd. der Philosophie, Shanghai 1980.

Professoren der Universität Beijing: Geschichte der chinesischen Philosophie (Zhong Guo Zhe Xue Shi), 2 Bände, Beijing 1980.

Ren Jiyu (Hrsg.): Geschichte der chinesischen Philosophie (Zhong Guo Zhe Xue Shi), 4 Bände, Beijing 1963–79.

Sun Zhensheng: Eine moderne literatursprachliche Übersetzung von „I Ging“ (Bai Hua Yi Jing), Zhengzhou 1994.

Yan Beiming (Hrsg.): Großes Wörterbuch der Philosophie (Zhe Xue Da Ci Dian), Bd. der chinesischen Philosophie, Shanghai 1984.

Deutsche Ausgabe

A. Reichweg: China und Europa, Berlin 1923.
Gespräche des Konfuzius,
– übers. von Richard Wilhelm, Diederichs, Köln 1985.
– übers. von Ralf Moritz, Frankfurt a.M. 1983.
– übers. von Ernst Schwarz, dtv klassik, München 1985.
I Ging,
– übers. von Richard Wilhelm, Diederichs, Köln 1956.
Menzius,
– übers. von Richard Wilhelm unter dem Titel „Mong Dsi, die Lehrgespräche des Meisters Mong K'o", 2. Aufl. d. Neuausg., Diederichs, München 1994.
Tao Te King,
– übers. von Richard Wilhelm, Diederichs, Köln 1986.
– übers. von Günther Debon, Reclam, Stuttgart 1979.
– übers. von Rudolf Backofen, Drei-Eichen-Verlag, München u. Engelberg/Schweiz 1984.
Zhuang Zi,
– übers. von Richard Wilhelm unter dem Titel „Dschuang Dsi, das wahre Buch vom südlichen Blütenland", Diederichs, München 1988.

Register

Personen

(Nach der chinesischen Schreibweise: erst Nachname, dann Vorname.)

Sachen